배우는 법을 배우기

THE ELEMENTS OF SKILL
Copyright © by Theodore Dimon

The Elements of Skill

배우는 법을 배우기

민들레

시어도어 다이먼은 교육학자 존 듀이와 F. M. 알렉산더의 작업에 기반해 우리에게 매혹적이면서도 쉽게 접근할 수 있는 배움의 청사진을 제시한다. 『배우는 법을 배우기』에서는 배움이 정신이나 육체에 속한 것이 아니라, 유기체와 환경과의 상호작용 안에서 일어나는 것이라고 말한다.

저자는 존 듀이나 알렉산더와 마찬가지로 기법과 몸의 조화로운 움직임을 분리시켜 생각하는 잘못된 이분법을 지적하면서, 기계적인 반복 훈련과 연습을 지양하고, 분명한 이해에 바탕을 둔 지성적인 노력을 통한 배움을 중시한다. 그는 배움 안에서 목표와 방법 사이의 균형을 유지하려면 우리의 목표가 너무 고정되어 있어서도, 추상적이어서도 안 되며 과정에서 생겨나는 상황들을 고려해 목표에 이르는 방법을 꾸준히 재조정하는 것이 필요하다고 강조한다.

특히, 저자는 어떤 특정한 기술을 배우는 법이 아니라 우리가 어떻게 "배우는 법을 배울 수 있는지" 알려주고 싶어 한다.

그는 겉으로 드러난 증상을 다루기 전에 어떤 근본적인 변화가 필요한지 묻는데, 이 질문은 치유를 넘어 예방적인 조치이며 더 진보된 것이기도 하다. 배움에 대한 그의 접근 방식은 우리에게 한 가지 도전 과제를 제시한다. 이 접근 방식은 단지 쉽고 빠르게 결과를 내는 데 집중하기보다 배움에 지성과 지혜를 사용할 것을 요구한다.

당신은 『배우는 법을 배우기』를 통해 배움에서 실험이 어떤 역할을 하는지 더 깊이 이해하게 되고, 문제 해결에 대한 새로운 관점들을 갖게 되며, 더 향상된 자기 조절 능력을 얻게 될 것이다. 배움의 현장에 이 교훈들을 적용하면 기대 이상의 성과를 거두게 될 거라고 믿는다. 이 가능성은 우리 모두에게 열려 있다.

존듀이연구소 소장
래리 힉스먼

차례

들어가는 말

배움에 실패하는 까닭

우리는 누구나 기본적인 기술을 마스터할 수 있는 능력을
갖고 있다. 그러므로 어떤 기술을 마스터하지 못한다면
그 때는 학생이 아니라 교육 방식이 문제시되어야 한다.
이런 문제들의 근본에는 여전히 원시적인 단계에 머물러
있는 우리의 교육 방식이 자리 잡고 있다.

모든 아이들은 어릴 때부터 배움의 과정에 들어선다. 우리
는 대개 두 발로 서서 균형 잡고, 걷고 뛰며, 물건을 쥐거나 조
작하고, 말하는 것 등을 본능에 의존해 배운다. 좀 더 자라면 교
사의 도움으로 읽기와 쓰기 같은 조금 더 어려운 기술들을 배
우기 시작한다. 이렇게 나이가 들면서 우리는 자전거 타기, 달
리기, 수영, 구기 운동, 컴퓨터 다루기, 운전 같은 매우 다양한
활동들을 쉽게 할 수 있게 된다.

하지만 춤, 야구, 바이올린 연주처럼 좀 더 어려운 기술을 배
우는 것은 그리 단순한 문제가 아니다. 우리는 대개 악기를 연
주하거나 스포츠를 즐기는 데 어느 정도 숙달될 수는 있지만
높은 수준에 이르는 사람은 드물다. 오히려 이런 기술에 능숙
해지는 것은 거의 예외 상황에 가깝다. 대부분의 사람들에게

악기나 스포츠를 배우는 과정은 좌절을 반복하는 경험이다. 자신은 어떤 지점 이상으로 나아가지 못해 정체되어 있는데 누군가는 별로 힘들이지 않고도 더 높은 단계로 발전하는 것을 보며 나는 왜 실력이 늘지 않나 답답해 하기도 한다. 그리고 머지 않아 배움을 포기해버린다. 이는 대개 자신이 하는 일을 진정으로 즐기는 수준에 이르지 못하기 때문이다.

우리는 대부분 이러한 실패를 삶의 일부로 받아들이면서 재능은 몇몇 사람들만 타고난다는 통념대로 생각해버린다. 하지만 진실은 이러한 실패가 당연한 일이 될 필요가 없다는 것이다. 우리가 실패하는 것은 자신의 잘못 때문이 아니라, 어떻게 배우는지에 대한 제대로 된 지식이 없고, 가르침이 적절치 못해서인 경우가 대부분이다.

물론 모든 아이들이 바이올린을 배운다고 파가니니가 되지는 않고, 야구를 한다고 베이브 루스가 되지는 않는다. 하지만 이렇게 비교하는 것은 악기를 연주하거나 공을 치는 기본기 습득에 실패하는 것에 대한 조악한 변명에 지나지 않는다. 슬프게도 오늘날 수많은 아이들이 이러한 현실에 처해 있다. 이는 우리가 기술을 학습하는 과정에 대해 진지하게 생각지 않고, 배움의 가장 기본적인 요소들을 제대로 이해하지 못하기 때문이다.

이 책에서 나는 우선 초심자들이 왜 배움에 실패하게 되는지를 살펴보고, 배움과 가르침에 대해 널리 퍼진 잘못된 관념들이 어떻게 이런 실패를 낳는데 일조하는지 보여줄 것이다.

그리고 우리의 정신과 몸에 대한 이해에 기반을 둔 배움에 대한 새로운 접근 방식을 소개하려 한다.

나는 수많은 아이들이 학교에서 쓰기, 말하기, 공 잡기와 같은 기본적인 기술을 배우느라 애쓰지만 거기에 필요한 도움을 제대로 받지 못하는 것을 보면서 어렸을 때부터 배움과 가르침이라는 주제에 관심을 갖게 되었다. 학교가 이 아이들을 실패하게 만든다는 사실은 알고 있었기에, 언젠가 아이들에게 기존 교육에서 잃어버린 것들을 제공할 수 있는 학교를 만들어야겠다고 생각했다. 하지만 학생들을 더 잘 보살필 수 있는 교사들이 필요하겠다는 것 말고는 다른 구체적인 아이디어를 발전시키지 못했다.

그러다 몇 년 뒤 피아노를 연습하면서 나는 극심한 긴장을 겪었다. 그래서 인간의 움직임에 대한 자료들을 살펴보면서 피아노 앞에 앉아 어떻게 불필요한 긴장 없이 더 부드럽게 움직일 수 있는지 탐구하기 시작했다. 이 과정에서 학교 아이들을 보면서 관찰하던 문제와 지금 내가 피아노를 배우며 겪는 어려움이 근본적으로는 동일한 문제임을 깨달았다. 나는 이 분야에서 좀 더 전문적인 지식을 얻기 위해 F. M. 알렉산더가 발전시켜온 움직임 트레이닝 프로그램에 들어갔다. 트레이닝을 마친 뒤에는 교육대학원에 진학해 이 주제에 대한 아이디어들을 체계화하기 시작했다.

나는 기술 학습에서 두 가지 요소가 무시되고 있다는 사실을 발견했다. 그 첫 번째는 우리가 어떤 기술을 배울 때 자신이 움직이는 방식을 면밀히 가다듬어야 한다는 사실이다. 하지만 이는 너무도 기본적인 것이라 여기에 질문을 던지는 사람은 매우 드물다.

기술은 여러 가지 복잡한 요소들로 구성되어 있다. 야구방망이를 휘두르고, 테니스공을 치며, 피아노를 연주하는 기술은 여러 요소들로 구성되어 있고, 확실한 성공에 이를 때까지 각각의 요소들을 나누어 배울 수 있다. 단지 아이에게 어떻게 하라고 한 뒤 그것을 더 잘하라고 설득하고 달래봐야 기술을 숙달하는 데는 전혀 도움이 되지 않는다. 그래서 배움의 일차적인 요소는 어떤 기술을 쉽게 다룰 수 있는 부분들로 세세히 나누는 것이라고 할 수 있다.

기술을 세분화해서 나누지 못하면 지나치게 애만 쓰게 되고, 이는 기술을 구성하는 요소들을 아이들 스스로 발견하지 못하게 만든다. 무언가 새로운 것을 배울 때 잠시 멈추어 자신이 무엇을 하는지 생각하고 실험해보면서, 다양한 접근 방식을 시도하는 사람은 드물다. 대다수의 사람들은 그저 애만 쓰다가 실패한다.

우리는 실력이 빨리 늘기를 원한다. 그래서 새로운 기술을 배울 때면 올바른 동작을 하려고 애를 쓰게 된다. 하지만 그 때문에 오히려 배울 때는 애쓰는 것을 멈추고 이전에 한 번도 해보지 않았던 것을 시도하는 용기가 필요하다는 사실을 깨닫지 못한다. 대개 배움의 열쇠는 애쓰는 것이 아니라, 멈추어 명료하게 생각하는 데 있다. 즉, 당신이 늘 하던 방식대로 행하는 것을 멈추는 것이 배움의 비결이라고 할 수 있다.

이러한 깨달음은 우리를 배움의 두 번째 요소로 안내해준다. 겉으로 보기에 기술 수행은 일차적으로 행위, 즉 '우리가 무엇을 하느냐'에 대한 것처럼 보일 수 있다. 그러나 이는 기술의 핵심 요소가 아니다. 아무리 단순한 행위일지라도 우리가 수행하는 모든 행위는 정신과 신체에서 일어나는 복합적인 과정을 거쳐 일어나는데, 우리는 대부분 이러한 행위를 무의식적으로 수행한다. 만약 본능을 통해 배울 수 있다면 우리는 정신과 신체에서 일어나는 일들에 주의를 기울일 필요도, 배움에서 이것이 어떻게 중추적인 역할을 하는지 이해할 필요도 없을 것이다. 하지만 우리에게 정신과 신체의 조화로운 기능을 방해하는 해로운 습관들이 있다면 어떻게 될까? 이럴 때 어떤 기술을 배우려고 시도하게 되면 이 해로운 습관들이 더 굳어져, 최선을 다해 애씀에도 불구하고 실패만 거듭하게 될 것이다. 이 문제를 다루려면 우리는 자신의 행동을 제어하는 능력을 키워 배움의 과정 자체를 더 의식적으로 만들어야 한다.

배움에 대한 기존의 방법론이 틀렸고 불완전할지라도 모두 잘못되었다고 말하려는 것은 아니다. 여러 배움의 기법들은 분명 가치 있는 요소들을 담고 있다. 춤, 노래, 운동 지도에서는 보통 인체가 어떻게 기능하는지를 고려하며, 피아노 교육에는 어떤 음계가 연주되어야 하는지 명료하게 개념화한 핵심적인 아이디어가 포함되어 있다. 하지만 이러한 요소들이 대개 학생들에게는 불완전하게 이해된 채 기술에 적용되곤 한다. 이는 어떤 기술을 가르치는 방법을 고안할 때 학생의 정신과 신체에 대한 이해가 고려되지 않기 때문이다.

앞으로 자세히 이야기하겠지만, 모든 기술들의 공통 요소는 바로 '자기 자신'이다. 어떤 기술이건 그 기술을 수행하는 건 결국 우리 자신이기 때문이다. 그래서 모든 배움은 몸과 정신의 기능, 즉 자기 자신이라는 도구에 의존하고 있다. 인간의 몸은 매우 놀라운 도구다. 그러나 우리는 신체의 기능과 조절 능력을 키우고, 어떤 기술을 최고 수준으로 숙달할 수 있는 잠재력에 대해 이제야 조금씩 이해하기 시작했다. 이 책에서는 배움의 이런 요소들을 살펴보면서 자기 자신을 지성적으로 사용하는 원리를 배움에 적용하는 법에 대해 이야기하고자 한다. 이를 통해 더 높은 수준의 기술 수행 능력에 이르는 앎을 제공하는 것이 이 책의 목적이다. 나는 이러한 이해가 배움에 대한 새로운 접근 방식으로 이어지리라 믿는다.

어떤 독자들은 대부분의 아이들이 배움에 실패한다거나, 지금 우리가 학습에 적용하고 있는 방법들이 부적절하다는 것이 지나친 비약이 아니냐고 생각할지 모른다. 여러 영역에서 배움에 성공한 사람들의 이야기가 넘쳐나기 때문이다. 하지만 한 학생이 피아노 연주에 능숙해질 때 아마도 열 명은 실력이 늘지 않아 관두게 되고, 출중한 운동선수 한 명이 탄생하는 동안 나머지 백 명은 그냥 그저 그런 운동 기술을 습득하는 데 그치는 것이 사실이다. 어떤 수준에 이르는 데 실패하는 것은 우리에게 드문 일이 아니라 보편적인 일이 되어버렸다.

특히 학교에서는 배움에 대한 우리의 운명이 대개 운에 내맡겨지게 된다. 학교에서 어떤 교육 방식이 성공적인지에 대한 평가는 대개 그 교육법이 배움의 근본 요소들을 다루고 있느냐가 아니라 그 수업에서 슈퍼스타가 탄생했느냐를 가지고 이루어진다. 그러니 슈퍼스타가 아닌 우리들은 조연으로 남게 될 뿐이다. 그래서 어떤 아이들은 체육시간에 시무룩하게 벤치에만 앉아 있거나 음악시간에 음치나 박치 등 재능 없는 학생으로 분류되어 활동에 참여하지 못한 채 시간을 허비하게 된다. 대개 우리는 '어떻게 가르쳐야 하는지' 잘 알지 못하는 사람으로부터 가르침을 받게 되고, 그래서 결국 자신에게 재능이 없다고 생각하며 포기해버린다.

하지만 우리는 누구나 기본적인 기술을 마스터할 수 있는 능력을 갖고 있다. 그러므로 어떤 기술을 마스터하지 못한다면 그 때는 학생이 아니라 교육 방식이 문제시되어야 한다. 이런 문제들의 근본에는 여전히 원시적인 단계에 머물러 있는 우리의 교육 방식이 자리 잡고 있다. 불과 수십 년 전까지만 해도 정신은 백지와 같고 그래서 가르친다는 것은 아이들의 머릿속에 어떤 개념과 생각들을 주입하는 과정이라고 생각했다. 이후 인간의 인지 작용과 배움에 대한 이론은 계속해서 발전해 왔다. 그러나 오늘날 가장 정교하다는 교육법에서조차도 배움이 주로 기계적인 반복 훈련을 통해 이루어진다는 생각이 여전히 기본 개념으로 자리 잡고 있다.

하지만 어떤 기술을 배우는 비결은 기계적인 반복이 아니라 배움의 과정에 자신의 통찰과 이해, 지성을 적용하는 것이다. 우리는 특정한 동작의 반복을 통해서가 아니라, 주의를 기울이고, 문제를 지성적으로 잘게 나누며, 자각을 통해 어떻게 신체의 활동을 의식적으로 지시할 수 있는지 앎으로써 기술에 숙달된다. 그래서 학생에게 뭔가 해보도록 장려하고 그것들을 가다듬으라고 지시하는 낡은 방식의 가르침은 기껏해야 엉성한 정도의 실력에 그치게 만든다. 온전히 배울 수 있으려면 그 배움의 과정에 결부된 생각과 주의, 움직임에 대해 '이해'해야만 한다.

가장 깊은 수준에서 보면 어떤 기술을 배우는 과정은 자기 수양의 길이기도 하다. 즉, 배움은 자신의 행위에 대한 자각과 제어력을 계발하는 과정이고, 몸과 마음에 대한 통찰을 얻는 수단이다. 동양에서 전통적으로 무술을 배우는 과정은 단지 근육이나 동작에 대한 것만이 아니라 인격과 자각, 통찰을 계발하는 내적 수양의 길로 여겨져왔다. 반면 서양에서는 기술을 배운다는 것이 대개 부와 명예를 얻기 위한 수단으로 여겨지고, 이 과정에서 건강을 잃는 경우도 흔하다. 학습의 가치를 기교나 경쟁력이 아니라 자기완성과 수양이라는 측면에 둘 때 우리는 자신의 온전한 잠재력을 드러낸다는 교육의 진정한 목표에 좀 더 다가갈 수 있을 것이다.

이 책이 기술을 배우고 익히는 학습에 대한 전반적인 주제들을 다루고 있기 때문에, 어떤 특정 기술을 배우는 것에 대한 깊고 세부적인 정보들은 담고 있지 않은 것처럼 보일 수도 있다. 어쩌면 그것이 사실일 수도 있지만, 이는 핵심을 놓친 것이다. 어떤 기술에 요구되는 구체적인 기법들은 사실 보기보다 그리 중요하지 않다. 배움에서 장애가 되는 것은 대개 특정한 기법보다 오히려 우리가 인지하지 못하는 기본적인 문제들과 더 관련이 깊다. 어떤 기술을 배우든 그 학습의 기반이 되는 것은 적절한 습관과 우리 몸과 마음의 기능이며, 이는 단지 특정 교수법으로만 다루어질 수 있는 주제가 아니다.

이제 이 책의 전반적인 구조에 대해 짧게 짚어보자. 배움에서 마주치는 난관들이 전체적으로 보면 복잡하고 난해해 보이지만 문제들을 세세히 나누어 합리적으로 접근해가면 어렵지 않게 해결책을 발견할 수 있다.

1장에서는 학습의 장애물과 이를 넘어서는 구체적인 방법들을 제시할 것이다. 2장에서는 포착하기 힘들어 우리가 대개 간과하곤 하는, 능숙한 행위를 구성하는 몇 가지 요소들을 떼어내어 이 요소들이 배움의 문제에 지성적으로 접근하는 데 얼마나 중요한지 보여줄 것이다.

그리고 3장부터 6장까지는 학습에서 중추적인 역할을 하지만 우리가 잘 인식하지 못하는 '자기 자신'의 역할에 대해 살펴보려 한다. 우선 우리가 뭔가를 할 때 긴장하는 문제를 살펴보고, 학생이 이 긴장을 자각하게 됨으로써 어떻게 기술 수행 능

19

력을 향상시킬 수 있는지 보여줄 것이다. 그 뒤엔 신체 자각이라는 실천적 개념을 수행불안과 복잡한 기술을 마스터하는 과정에 적용해볼 것이다.

그리고 7-8장에서는 불안해하는 운전 교습생, 스트로크를 배우는 테니스 초심자, 가수, 피아니스트들이 처한 구체적인 배움의 현장에서 '자각'과 '습관의 제어' 같은 기본 개념들이 어떻게 적용될 수 있는지 살펴보고, 마지막엔 우리가 어떻게 일상적인 움직임 속에서 자신에 대한 자각을 통해 (가장 높은 수준의 성취인) 의식적인 숙달에 이를 수 있는지 보여줄 것이다.

1장

배우는 법

어떤 기술을 쉽게 다룰 수 있는 여러 단계로 나눔으로써
우리는 현재 자신의 능력 안에서도 효율적으로 배울 수 있게 된다.
또한 이 때 우리는 주의를 기울일 필요가 있는 진짜 문제를
발견할 수 있다. 한 가지 단순한 문제에만 주의를 기울이다 보면
자기 자신에 대해 뭔가를 배우게 된다. 이 과정에서 우리는
기술만 배우는 것이 아니라, 자신을 조절하는 능력을 기르게 된다.

1. 배움의 역설

우리는 어떻게 새로운 기술을 배우는 것일까? 이 문제를 곰 곰이 생각해보는 사람은 드물다. 왜냐면 답이 너무 빤해 보이 기 때문이다. 첫째, 무엇을 해야 하는지 알려줄 교사를 찾는다. 둘째, 배운 것을 반복해서 행한다. 셋째, 연습을 통해 차차 기술 을 터득할 수 있도록 교사가 동작을 교정해준다.

이러한 학습 과정은 우리가 반복 연습을 통해 기술을 숙달 할 수 있다는 믿음에 기반을 두고 있다. 이 믿음은 사회적으로 깊이 뿌리박혀 있어 우리는 과연 이것이 올바른 학습 방식인 지 질문을 던지지 않는다. 기술은 어떤 것을 '할' 수 있는 능력 을 의미하므로, 우리는 무엇을 어떻게 '해야' 할지 아는 사람을 찾아 그것을 '하는' 법을 배워야 한다고 생각한다. 하지만 이 책에서는 배움의 가장 중요한 요소로서 '행위'가 아니라 자신에 대한 '자각'과 '주의'에 주목하면서 배움의 문제에 새로운 방식으로 접근하고자 한다.

대부분의 교육 체계에서는 목표를 성취하는 데만 초점을 맞춘다. 이 때 우리는 잔뜩 애만 쓰게 되고, 이것은 사실 배움의 과정에 도움이 되기보다 오히려 방해가 된다. 물론 기계적인 반복 연습으로 기술을 습득하는 사람도 많지만, 이런 방식은 목표만을 의식할 뿐, 배움의 가장 근본적이고 핵심 요소인 '자기 자신'을 염두에 두지 않는다.

나는 이 책에서 '무엇을 해낼지'가 아니라 그것들을 '어떻게 해낼지'에 대한 명료한 이해에 기초해 배움에 접근할 때, 기술을 습득하는 데 필요한 요소들을 자유자재로 활용할 수 있음을 보여주고자 한다. 이 때 우리는 기계적인 반복 훈련, 행위에 기초한 낡은 방식의 학습법으로 성취할 수 있는 것 이상의 잠재력을 발휘할 수 있게 된다.

애쓸수록 배움에서는 멀어지고

아들이 학교에서 글을 쓸 때마다 긴장하고 글씨도 알아볼 수 없을 정도라며 한 어머니가 내게 아들을 보내왔다. 교사는 글씨 연습을 더 해야 한다고 보고 더 열심히 연습하도록 부추겼다. 동작 훈련을 제안하는 전문가도 만나보았다. 하지만 이런 조언들이 조시를 돕지는 못했다. 교사들은 조시가 무엇을 '해야 하는지'에만 신경 쓰느라 조시가 '애씀'이라는 덫에 빠져 있다는 사실을 보지 못했기 때문이다. 게다가 교사들이 주는 도움은 오히려 조시의 나쁜 습관들만 강화시켜 문제를 더 심각하게 만들었다. 그 무렵 조시는 알파벳을 쓰느라 분투하고 있었는데, 연필을 꽉 쥐고 애쓰느라 글자는 점점 더 작아지고 삐뚤빼뚤해졌다.

조시가 글자 쓰기에서 겪는 문제는 단지 조시 개인의 문제가 아니라 교육론에서 (근본적이고 복합적인) 배움의 요소들을 인지하지 못할 때 일어나는 일의 한 사례일 뿐이다. 20년 이상 나는 조시와 같은 문제로 분투하고 있는 수백 명의 아이와 어른들을 만났다. 그들은 자신들이 '무엇을 배워야 하는지'에만 과도하게 집중하고, 그것을 '어떻게 배울 수 있는지'에는 주의를 기울이지 않아 문제를 풀지 못하고 있었다.

여기서는 우리가 무엇을 '어떻게' 하는가라는 문제를 짚어보며, 여기에 주의를 기울이는 것이 어떻게 이해와 능숙함으로 이어지는 길을 열어주는지 살펴보려 한다. 뭔가를 배우다 난관에 봉착할 때면 우리는 대개 무엇을 해야 하는지 묻지만, 문제의 핵심은 우리가 무엇을 할 수 있느냐 없느냐가 아니다. 문제는 우리 안에 있다. 우리 안의 무언가가 문제를 유발하고 있는 것이다.

그래서 이 책에서는 '우리는 어떻게 배우는가', '어떻게 배움에 지성적으로 접근할 수 있을까', '학습의 가장 주요한 도구인 자기 자신을 어떻게 더 잘 사용할 수 있을까' 같은 질문을 던지며 우리 자신에 대해 탐구해보고자 한다.

새로운 배움의 방식 찾기

조시의 글자 쓰기 문제로 돌아가보자. 어떻게 하면 조시를 도울 수 있을까? 앞서 얘기했듯 이 문제는 결코 단순하지 않다.(뒤에서 이 문제의 여러 측면을 더 깊이 다룰 것이다.) 교사들은 글자를 쓸 수 있는 능력에만 과도하게 관심을 가졌기 때문에 문제가 조시의 불필요한 긴장과 결부되어 있다는 사실을 인식하지 못했다. 나는 단순한 해결 방안을 제안해보았다. 조시에게 연필로 글자를 쓰게 하는 대신 크레용을 몇 개 주고 커다란 원을 그리게 했다. 잠시 뒤 나는 조시에게 긴장하거나 애쓰지 않는 한에서 원을 점점 작게 만들어보라고 얘기했다. 새로운 전략은 먹혀들었다. '쓰는' 대신 '그리게' 함으로써, 조시는 긴장하며 글을 쓰는 것을 멈추었고 스스로를 옥죄지 않고도 글자를 쓸 수 있게 되었다.

조시가 평소 무언가를 하는 방식의 대안을 찾음으로써 우리는 가장 기본적인 수준에서부터 문제를 풀어갈 수 있었다. 배움에서 일어나는 대부분의 문제는 우리가 자신의 행위 패턴, 긴장, 나쁜 습관들은 바꾸지 않고 애만 쓰다 보니 꽉 막힌 상태에 처한다는 것이다. 즉, 더 잘하려 애쓰는 것이 오히려 배움에는 방해가 된다. 우리는 맹목적으로 애쓰기보다 뭔가 다른 것을 하며 새로운 방식으로 주의를 기울이는 법을 배울 필요가 있다. 그러면 어려워 보이는 것도 쉽게 해낼 수 있게 된다.

이런 방식의 배움은 단순해 보이지만, 다루기 어려운 문제에 접근하는 기본적이고 효율적인 방법이다. 이 방법만으로 조시의 문제를 전부 다 해결할 수 있다고 말하려는 것은 아니다. 글자 쓰기의 어려움은 사실 조시가 가진 본래의 문제가 부분적으로 드러난 것일 뿐이다.(여기에 대해서는 뒷부분에서 자세히 다루기로 하자.)

뭔가를 성취하고자 하는 욕망과 갈망은 종종 우리를 꽉 막힌 상황에 처하게 만든다. 본능적으로 '애쓰기'만 하는 것은 배우는 능력을 방해하는 나쁜 습관만 작동시키기 쉽다. 오히려 주의를 전환해, 자신도 모르게 작동하는 나쁜 습관들을 우회함으로써, 과제를 대할 때 나오는 자동 반응을 건설적인 것으로 바꾸는 법을 찾아야 한다. 이것은 우리에게 익숙한 '애쓰기'의 대안이자 해결책이 될 것이다. 이런 전환은 옳은 것을 '하려고' 애쓰는 것은 잊고 창의적인 방식으로 목표에 이르는 법을 생각할 때 일어난다. 그리고 이 때 우리는 '배우는 법을 배우기' 시작한다.

2. 낡은 관념이 유발하는 문제

새로운 무언가를 배운다는 건 언제나 새로운 사고방식과 우리가 하는 일, 그것을 하는 방식에 대한 새로운 이해를 필요로 한다. 그러나 우리는 계속 낡은 사고방식에 사로잡혀 있을 때가 많다. 이러한 마음가짐은 새로운 방식으로 생각하는 것을 방해한다.

이번에는 배움에서 중추적 역할을 하는 관념과 이것이 기술 수행에 어떻게 연결되어 있는지 살펴보도록 하자. 목구멍의 근육을 긴장시키면서 노래를 부르느라 곤란을 겪는 이가 있다고 가정해보자. 학생이 노래할 때 과도하게 긴장하는 것을 알아채고 교사는 이 문제를 지적한 뒤 학생에게 긴장하지 말 것을 요구하며 다시 노래를 부르게 한다. 하지만 이런 접근법은 교사가 학생에게 문제를 불러일으키는 활동을 하라고 하면서 동시에 그 문제를 교정하려 한다는 점에서 악순환의 고리를 만드는 오류를 범한다.

어떤 활동을 수행하는 방법에 대한 '관념'이 잘못되어 있다면 학생에게 그 활동을 반복하게 하면서 특정 근육을 이완하라거나 다른 방식으로 노래하라고 말한들 무슨 소용이 있겠는가? 이 학생은 근육을 긴장시켜야 노래를 부를 수 있다고 생각한다. 그런데 교사는 자꾸만 노래를 부르게 하면서 동시에 긴장하지 않기를 바라는 것이다. 여기서의 문제는 노래하기에 대한 학생의 관념이다. 그러니 단지 노래를 잘 하고자 더 애쓰는 것으로는 이 문제를 해결하지 못한다. 이 학생은 노래 부르기에 대한 기존의 관념을 바꿀 필요가 있다.

학생이 현재 어떤 지점에 묶여 있는지 교사가 인식하지 못하기 때문에 문제의 본질을 파악하지 못하는 경우가 많다. 교사는 무언가를 하는 올바른 방법이 있다고 생각하고, 그것이 뭔지 학생에게 보여주고 싶어 하지만 이로 인해 학생은 오히려 악순환에 빠진다. 어떤 교수법이 먹히지 않으면 교사는 흔히 학생에게 학습 장애가 있거나 이 과제를 숙달할 능력이 없다고 판단해버린다. 하지만 이런 상황에 교사 자신이 한몫 해왔음을 깨닫지 못한다.

배움에 우회적으로 접근하기

관념의 문제를 이해하는 데 도움이 되는 내 경험담을 하나 들려주고 싶다. 몇 년 전 노래 레슨을 받았는데 첫 레슨에서 교사는 내가 '목을 닫고' 노래한다는 점을 지적했다. 나는 그 말이 무슨 의미인지 이해하려고 선생님께 '목을 열고' 노래하는 것을 보여 달라고 부탁했다. 교사의 시범을 본 뒤 다시 노래를 불러보았다. 하지만 여전히 목을 닫고 노래하고 있다고 지적받았다. 나는 여러 차례 시도해보았지만 도무지 선생님 지시대로 노래를 할 수 없었다.

서너 차례 레슨을 받았을 때 교사는 내게 목을 열고 노래를 부르되 이번에는 조금 더 힘차게 연극하듯 노래해보라고 주문했다.

"아, 그러니까 좀 거만하게 불러보라는 얘기죠?" 교사는 나를 힐끔 보더니 "거만하게 노래 부른다는 게 어떤 거죠?" 하고 물었다.

"그러니까 오즈의 마법사에 나오는 사자나 루치아노 파바로

티가 '오 솔레 미오'를 부르는 것처럼요."

"무슨 뜻인지 한번 들어봅시다."

나는 약간 거만한 자세로 보였던 오페라 스타일로 노래를 불렀다. 이렇게 노래를 시작한 그 순간, 난 이것이 바로 교사가 알려주고 싶어 했던 그것임을 알아챘다. 지난 몇 년간 나는 목을 닫거나 긴장시키며 부르는 경향이 있는 포크송이나 블루스 스타일의 노래를 불러왔다. '열린 목'으로 노래를 부르는 것은 내게 부자연스럽고 거만한 것처럼 보였으며, 이런 방식으로 노래 부르는 건 오페라 가수를 흉내 내거나 누군가를 놀릴 때만 하는 행동이었다. 이렇게 내게 '노래하기'와 '목을 닫는 것'이 서로 연결되어 있었기 때문에 목을 열고 노래를 부른다는 것은 서로 모순되는 개념이었던 것이다. 그래서 노래를 제대로 부르기 위해서 나는 사실상 노래가 아닌 활동을 했어야 했다. 노래하기에 대한 제한된 관념을 갖고 있었기에 내가 이전에 생각하던 노래하기와는 전혀 다른 활동을 해야 했던 것이다.

이 사례는 배움에서 관념이 유발할 수 있는 문제와 잘못된 관념을 극복하려면 문제에 우회적으로 접근할 필요가 있음을 보여준다. 교사가 내게 새로운 방식으로 노래를 불러보라고 해도 나의 노래하는 방식에는 오래된 습관들이 결부되어 있었기 때문에 도무지 다른 방식으로는 노래를 부를 수 없었다. 그런데 노래하기가 아닌 다른 무언가를 해보기로 결심한 순간 우리는 돌파구를 찾을 수 있었다. 노래에 대한 새롭고 적확한 개념이 내게 평소 익숙하던 노래하는 방식을 바꾸었기 때문이다. 노래하기와 연관되어 있지만 평소의 노래하기처럼 느껴지지 않는 활동을 통해 문제에 우회적으로 접근하는 것이 돌파구를 찾는 유일한 길이었던 것이다. 이 과정에서 나는 "아하!" 하는 깨달음을 얻었다. 당신도 이처럼 무언가를 완전히 새로운 방식으로 시도해보면 어떤 활동을 이해하는 돌파구를 찾을 수 있을 것이다.

과제를 다루기 쉽게 만들기

위의 사례들에서 우리는 종종 숙달하고자 하는 활동과 관계 있는 다른 활동을 함으로써 문제를 해결할 수 있다는 것을 알 수 있다. 해로운 반응이나 행동을 긍정적인 것으로 대체할 때, 우리는 교정하려 애쓰기보다 가볍게 문제를 우회해갈 수 있게 된다. 이것이 좋은 가르침의 근본 원리다.

어려움을 겪고 있는 학생들을 잘 관찰하는 교사들은 기본적으로 문제에 우회적으로 접근하는 전략을 사용한다. 누군가 글자 쓰기에 어려움이 있다면 그림을 그리게 하고, 말하기에 문제가 있다면 노래를 부르게 하며, 새로운 것을 시도하길 겁낸다면 유사한 다른 활동을 해보게 하거나 관련된 활동 중 두려움을 덜 느끼는 것을 해보게 하는 것이다.

이것은 직면한 과제를 다루는 데 어려움을 겪는 학생들에게도 도움이 될 수 있다. 날아오는 공을 치는 것이 어렵다면 멈춰 있는 공을 치도록 하라. 곡을 연주하는 게 어렵다면 한 번에 한 소절만 연습하도록 하라. 첼리스트 요요마는 첼로를 배울 때 아버지가 하루에 바흐 교향곡 두 소절만 완벽히 연습하라고 가르쳤고, 이렇게 작품 전체를 배울 수 있었다고 말한다.[1] 이런 접근 방식은 학생이 여러 가지를 서툴게 하는 대신 한 가지를 잘 할 수 있게 에너지를 모아준다. 단계별로 나누어 정복하기! 이것이 어려운 기술을 습득할 때 우리가 명심해야 할 좌우명이다.

교사들은 학생에게 건설적인 학습 환경을 제공해야 한다. 간단한 연습을 단계별로 제공하면 음악을 배우는 게 쉽지만 곡 전체를 연습하라고 하면 학생은 좌절해버린다. 이 둘의 차이는 사실 우리 마음에 있다. 아이건 어른이건 한 번에 너무 많은 것이 주어지면 배움의 과정을 즐기지 않게 되고 잔뜩 긴장하거나 과도하게 욕심을 부리게 된다. 어찌되었든 무엇을 해내야 하는 것은 같지만 어려운 과제가 단계별로 주어지면 배우기 쉬워지는 것이다.

아이들이 배움을 쉽고 즐겁게 받아들이는 이유 중 하나는 그들이 미래에 대한 걱정을 하지 않기 때문이다. 아이들은 지금 이 순간에 순수하고 기쁜 마음으로 온전히 몰입하며, 그래서 효율적으로 배운다. 이와 반대로 어른들은 자신이 무언가를 이해하지 못할까 염려한다. 우리는 과업이나 목표에 사로잡혀 자유롭게 실험하는 것을 두려워한다. 종종 교사들은 학생보다 의욕이 앞서 학습과정 전체를 한꺼번에 던져주고, 학생은 교사의 의욕을 내면화해 자신을 괴롭혀 문제를 악화시키기도 한다. 그 결과 우리는 목표에 압도당해 자신에게 아이와 같은 자유를 주거나 무언가를 소화하기 쉬운 단계로 나누어 학습하지 못하게 된다.

어른이 되어서도 아이 때 그랬듯이 긴장 없이 배우는 자세를 갖고 있기란 쉽지 않은 일이다. 유년기로 돌아가기는 불가능하기에 우리는 좋은 교사나 부모가 아이들이 배울 때 조성해주는 학습 여건들을 다시 의식적으로 갖춰갈 필요가 있다. 여기엔 고요한 환경, 우리가 지금 무엇을 하고 있는지 생각할 수 있는 시간, 다룰 수 있는 부분으로 세분하여 단계별로 배울 수 있게 하는 것이 필요하다.

먼저 시간을 갖고 당신이 무엇을 하고자 하는지 생각해보라. 그리고 그것을 단계별로 단순화한 뒤 첫 번째 과정을 시작한다. "오늘 나는 이 곡의 두 소절을 배우는 데 집중할 거야. 내일은 신경 쓰지 말자. 난 오늘 내가 뭘 해야 하는지 알아." 사실지금 자신이 처한 상황은 전과 다른 점이 하나도 없다. 하지만 과제를 다르게 인식함으로써 우리는 더 가벼운 마음으로 배움에 임할 수 있게 된다. 문제나 배움의 난관을 장벽으로 여기는 대신 그것을 자신이 다룰 수 있는 과제로 만들도록 하자. 해야 하는 일을 다른 방식으로 이해할 수 있을 때 우리는 자신의 학습 과정을 장악할 수 있게 된다.

과제를 부담 없이 다룰 수 있게 만드는 법을 배울 때 우리는 배우는 법을 터득하게 된다. 자신과 대화하고, 자신을 친절하게 대하며, 자신의 부정적인 태도와 부적절한 노력에 건설적인 방식으로 대응하는 법을 알 때 우리는 자기 자신의 교사가 된다. 이렇게 함으로써 우리는 자신의 학습에 긍정적인 환경을 다시 만들어갈 수 있다.

3. 배우려면, 실험하라

모든 배움은 실험 또는 '시도해보기'를 내포하고 있다. 처음부터 악기를 연주하고, 스키 타는 법을 아는 사람은 없다. 우리는 시도함으로써 배우고, 자신이 무엇을 할 수 있는지 알게 된다. 하지만 대부분의 사람들에게 시도하기란 '바르게 해내려 애쓰기'가 되어버렸다. 방망이로 공을 치려고 전심전력을 다해 애쓰는 아이의 모습을 보자. 이 아이는 공을 치는 데만 너무 열중한 나머지 다른 것들에는 전혀 신경을 쓰지 못하고 있다. 공을 맞추지 못해 짜증이 날수록 아이는 더욱 애쓰게 된다. 이때 이 아이는 단지 애를 쓰고 있을 뿐 배우고 있는 것이 아니다.

운이 좋으면 학교에 다니는 동안 배움에 좀 더 지성적으로 접근할 수 있도록 돕는 교사 한두 명을 만날 수 있을지도 모른다. 그들은 우리가 어려움을 겪는 것을 볼 때면 기술을 이해하는 데 도움이 되는 우회적인 활동을 제시한다. 예를 들면 움직이는 공을 치는 것보다 가만히 놓여 있는 공을 치게 하는 것이다.(이 쪽이 훨씬 쉽다.)

이렇게 작업을 단순화하면 아이가 기술을 소화할 수 있는 단계로 나누어 배울 수 있게 된다. 이는 아이가 공을 치려 애쓰는 것에서 주의를 전환해 공을 치려 할 때 자신이 어떻게 움직이는지에 주의를 기울이게 함으로써 실험할 수 있는 기회를 준다. 단순화 작업은 학생이 어려워하던 과제를 다룰 만하게 만들기 때문에, 부정적이고 좌절감을 안겨주던 경험을 긍정적인 경험으로 변화시킨다. 학생은 이를 통해 실험하며 배우는 기회를 갖게 된다.

틀릴 수 있는 자유

악기나 스포츠를 배울 때 이런 방식으로 연습을 하거나 자신에게 건설적인 학습 조건을 제공할 수 있는 사람이 얼마나 되겠는가? 우리는 대부분 기술을 터득하려면 완벽한 동작으로 해낼 수 있을 때까지 반복해서 연습해야 한다는 생각을 갖고 있다. 그러나 어렵게 느껴지는 활동에 새로운 방식으로 접근하는 법을 찾아내기 위해 시간을 들이거나 실험해보는 기회를 갖지는 않는다. 설령 기술을 세분해서 배워야 한다는 것을 안다 할지라도, 그렇게 하는 것이 스스로 무능한 존재라는 느낌을 갖게 해서, 처음부터 제대로 해내야 한다며 스스로를 몰아붙이기 때문이다.

우리는 결과가 아닌 과정에 주의를 기울이고, 중간 중간 멈추어 서서 자신이 무엇을 하고 있는지 살피며, 배울 때 자의식은 옆으로 미뤄두고 새로운 것을 시도해보는 게 가치 있다고 생각하지만 현실에서는 계속 맹목적으로 애쓰며 올바르게 해내기만을 바란다. 어떤 간단한 실험이 지난 십 년간 해결하지 못했던 오류를 바로잡아 줄지라도 초심자처럼 보이고 싶지 않은 마음에 단 몇 분간의 실험을 거부하기도 한다.

실험의 과정은 우리의 이해를 확장시킬 기회를 준다. 공을 맞추는 것이 과제라 생각하고 야구방망이를 휘두를 때 우리는 모든 노력을 공을 맞추는 방향으로만 집중시킨다. 하지만 실험을 할 때는 우선 공을 보고, 그 다음 야구방망이를 휘두르는 움직임을 잘 조율하는 데 주의를 기울여야 한다는 사실을 발견하게 된다. 이렇게 주의를 기울임으로써 공을 맞추는 일이 '일어난다'.

실험한다는 것은 자신에게 틀릴 수 있는 자유를 준다는 의미이기도 하다. 우리가 새로운 방식으로 문제를 바라볼 기회를 가져야 한다는 사실을 인식한다 해도 올바르게 해내고 싶다는 욕망이 여전히 실험하기를 방해할 것이다. 피아니스트들은 그저 잘못된 음계들을 쳐보는 여유를 즐긴다거나 일부러 잘못된 음계를 연주해보는 것을 마치 미지의 세계로 도약하는 것처럼 두려운 일로 받아들인다. 실험을 하려 할 때면 잘못된 음계를 연주하는 것에 대한 두려움과 옳은 방식으로 연주해야 한다는 강한 충동이 일어난다. 하지만 전과 다른, 새로운 방향으로 나아가보는 바로 이 한 걸음이 늘 틀리지 않아야 한다고 스스로를 몰아붙이는 음악가들을 진정으로 자유롭게 한다.

배움에 실패하기 위한 무의식적 전략들

실패는 학습된 행동이다. 우리는 흔히 어렵게 느껴졌던 무언가를 배우려 할 때 내심 자신은 배울 수 없을 거라는 비밀스런 확신을 품고 배움에 두 발 전체를 담가 시도해보지 않는다. 이후 실패하면 자신이 옳았음을 증명했다는 데 내심 만족해한다.

이런 행동 전략 중 하나는 스스로에게 새로운 것을 시도해볼 기회를 주지 않는 것이다. 배움에 적절한 환경에서 새로운 방법들을 적용해보는 대신 우리는 스스로를 낡고 익숙한 상황에 처박아두고는 어려움을 극복할 수 있기만을 바란다. 하지만 우리는 내심 이것이 성공으로 이어지지는 않을 거라는 확신을 갖고 있다. 예상대로 곧 우리는 실패하고, 이것을 자신에게 해낼 능력이 없다는 확실한 증거로 삼는다. 때로 우리는 새로운 것을 시도하기 위해 발가락조차 담가보지 않는다. 하지만 누군가 우리에게 시도해보았냐고 물으면 우리는 사실 새로운 것이라고는 아무것도 시도해보지 않았음에도 불구하고 스스로에게 진정 애썼노라 답하곤 한다.

이 실패 전략의 다른 버전은 도중에 게임의 규칙을 바꿈으로써 실패할 구실을 마련해놓는 것이다. 몇 년 전 나는 자신이 얼마나 배움에 관심이 있는지 얘기하던 한 학생을 만난 적이 있다. 이 학생은 열심히 노력하고, 수많은 질문들을 던지며 계속해서 자신의 한계에 도전했다. 하지만 20분 정도 지나면 자꾸만 짜증나고 좌절된 상태로 무너져버리곤 했다. 나의 교육 방식에 문제가 있었던 것일까? 아니면 그녀에게 학습 장애가 있거나 내가 발견하지 못한 다른 문제가 있었던 것일까?

어느 날 내가 제시한 연습을 하는 학생의 모습을 유심히 관찰해보았다. 그녀는 몇 분이 지나자 다른 걸 해보기로 마음을 바꾸었고, 곧 다시 산만해져서는 세 번째 과제로 넘어갔다. 20분 정도 지나자 그녀는 이 연습이 별로 도움이 되지 않으니 포기하겠다고 말했다. 그제야 나는 왜 이 학생이 계속해서 분투해왔는지 이해할 수 있었다.

과제가 주어지면 어떤 사람들은 자신의 실력이 과연 향상될 수 있을지 염려하느라 그 과제를 계속 붙들고 있기보다는 중간에 다음 수준의 과제로 넘어가버리거나 그 날의 연습에 다른 과제를 섞어버린다. 그 결과 그들은 긍정적인 학습경험을 하기보다는 자신의 문제를 놓쳐버리고는 혼란스럽고 불만족스러운 느낌만 남긴 채 연습을 마치게 된다. 이 학생은 처음 자신이 설정한 목표를 성취하더라도 중간에 자신에게 새로운 목표를 부여하고 소화하기 어려운 과제들을 떠안음으로써 좌절감만 맛보곤 했다. 이처럼 많은 이들이 계속 더 많은 짐만 떠안거나 명료하지 못한 목표로 작업하며 성취감을 맛보는 것을 거부함으로써 배움에 실패하곤 한다.

실패의 또 다른 전략은 부정적인 태도와 학습된 무기력이다. 새로운 무언가를 배워보라고 할 때 어떤 사람들은 인상을 찌푸리며 자신에게 뭘 하라는 건지 이해하지 못하겠다고 투덜

댄다. 공감적인 교사는 학생이 왜 어떤 작업에 저항감을 느끼거나 분투하는지 얘기 나누면서 학생의 마음을 누그러뜨릴 수도 있다. 하지만 교사가 학생이 겪는 어려움의 원인을 아무리 이해하려 노력한들 학생은 계속해서 허우적거리고 교사는 반복해서 설명하느라 애를 먹는다.

여기서의 진짜 문제는 이 학생에게 배움을 불가능하게 만드는 방식으로 행동하는 습관이 배어 있다는 점이다. 교사는 학생의 불평을 해결해야 한다고 느낀다. 하지만 진짜 문제는 교사의 동정을 끌어내기 위해 불평하는 행위 그 자체다. 이는 배움에 해로운 태도다. 교사가 학생의 행동 자체에 주의를 기울이지 못하게 만들기 때문이다. 사실 학생에게 필요한 것은 동정이 아니다. 동정은 자신이 좀 모자라거나 어려움을 가진 사람이라는 느낌만 강화시킨다.

학생이 정서적인 어려움을 겪고 있더라도 사실 그의 태도가 학습된 행동이라는 것을 교사는 꿰뚫어볼 수 있어야 한다. 그러자면 어느 정도의 경험이 필요하다. 학생의 이런 두려움과 어려움은 스스로 해로운 습관을 깨트릴 때 사라진다. 학생이 교사의 동정을 유도해 자신의 문제에 주의를 쏟도록 아무리 애를 쓴다 할지라도, 결국은 그 상황에 스스로 책임을 지고 습관에서 벗어나도록 도와준 교사에게 감사와 존경의 마음을 갖게 될 것이다.

4. 지성적으로 배운다는 것

어떤 기술을 배우려면 훈련이 필요하다. 우리는 하루에 7시간씩 연습했다는 음악가의 이야기를 들으며 감동받고 자신도 그렇게 연습하면서 또 다른 전설적인 음악가가 되겠노라는 포부를 품는다. 하지만 훈련은 단지 오랜 시간 꾸준히 연습하는 것 그 이상의 의미를 담고 있다. 유명한 바이올리니스트인 하이페츠는 하루에 6시간 연습하면 더 이상 발전할 수 없다고 말했다. 그는 하루에 3시간 이상 연습하지 않았다.[2] 그의 목표는 반복적으로 연습하는 것이 아니라 지성적으로 연습하는 것이었기 때문이다.

지성적으로 연습하는 법을 아는 것은 그 자체가 기술이다. 대부분의 피아노 연습생들은 기다릴 줄 모르고 곧장 건반에 손을 얹는다. 만약 학생들에게 피아노에서 멀리 떨어져 연습해보라고 제안하면 그들은 이 제안을 거부하거나 심지어 불쾌감을 표할 것이다. 하지만 지성적으로 연습한다는 것은 우선 무턱대고 애쓰기를 멈추고, 문제에 주의 깊게 접근하면서 독창적이고 새로운 방식을 찾아낸다는 것을 의미한다.

과정에 초점 맞추기

새로운 기술을 배울 때 어려운 과제에 도전해보고 싶은 마음이 드는 것은 자연스러운 일이다. 사람들은 당장 피아노 앞에 앉아 연주를 하고 싶어 하지 음계나 트릴을 배우는 것은 지루하게 여기며, 심지어 음표를 배우는 것조차 내켜하지 않는다. 전에 누군가 어떤 곡을 아름답게 연주하는 것을 들은 적이 있기에 자신도 이처럼 연주할 수 있기만을 바라는 것이다. 그래서 우리는 대뜸 어려운 도전 과제를 떠안으려 하고, 고른 곡을 연주할 수 없어도 과연 자신이 제대로 연주할 수 있는지 자꾸만 확인해보려 한다. 하지만 배움이라는 관점에서 보면 이런 접근 방식은 그럴듯한 가짜다.

몇 년 전 나는 암벽 등반을 가르쳤었는데, 대개 이 분야의 강사들은 난이도가 높은 등반 기술을 보여주며 가르치곤 했다. 그들은 학생이 암벽을 오르는데 성공한다면 자신감을 쌓을 수 있고, 동시에 넘을 수 없을 것처럼 보이는 한계를 극복하는 만족스러운 경험을 하게 될 거라는 생각에 처음부터 초심자들에게 꽤 어려운 수준의 암벽 등반을 제안한다. 그리고 학생이 더 강하고 유능하고 숙련되길 바라며 점점 더 어려운 암벽과 씨름해보도록 격려한다.

하지만 이런 접근 방식은 배움에 필요한 요소들을 알려주지 못한다. 힘겨운 등반을 몇 번 마친 뒤, 학생은 과연 무엇을 배우게 될까? 힘든 암벽을 올랐다는 만족감을 얻고, 자신의 운동신경이 좋다거나 한 번 결심한 일은 해내는 사람이라는 것을 증명해냈는지 모른다. 하지만 여기에는 별다른 기쁨이 없다. 눈앞의 목표만 성취하려는 과정에서 그는 자기 자신과 스포츠에 대해서는 별로 배우지 못했다. 어쩌면 이미 나쁜 습관을 형성하기 시작했는지도 모른다.

예를 들어 초심자에게 암벽을 오르는 간단한 동작, 그러니까 발판에 발을 올리고 균형을 잡은 뒤 다른 발판으로 옮겨가는 동작을 해보게 하자. 한 번에 잘 되지 않는다. 다시 시도해 겨우 성공하기는 했지만, 손잡이를 잡을 때 머리를 뒤로 젖히고 등을 좁히며 온몸에 너무 힘을 주고 있다. 지나치게 애쓰다 보니 몸의 균형이 무너지고 에너지가 낭비되는 방식으로 목표를 이룬 것이다. 이번에 교사는 긴장하거나 팔을 움직이지 말고 그저 발판에 서서 균형만 잡을 수 있겠냐고 묻는다. 몇 번 더 시도해본 뒤 학생은 자신의 균형이 향상되었음을 느끼며 애쓰지 않고도 다른 발판으로 움직일 수 있게 된다.

여기서 학생은 오히려 덜 애쓰면서도 더 편안하게 균형 잡고 움직이는 법을 배웠다. 과정(how)에 초점을 맞춘 결과 암벽을 더 능숙하게 탈(what) 수 있게 된 것이다. 중요한 건 학생이 암벽을 탔다는 것이 아니라 이 과정을 통해 자신이 '어떻게' 배우는지를 이해하게 되었다는 것이다. 그는 이 배움을 통해 부드럽게 움직이는 기쁨을 느꼈고, 진정한 장애물은 내면에 있으며 숙달에 이르는 도전 과제는 자기발견의 내적 과정에 있다는 것을 깨달았다. 무언가를 잘 하는 사람들은 이 말이 무슨 의미인지 안다. 학생은 암벽 등반을 해냈다는 성취만이 아니라 이를 통해 더 큰 자기 이해와 기술 숙달이라는 보상을 얻은 것이다.

이 이야기는 기술 학습의 기초 원리를 보여준다. 어떤 기술을 쉽게 다룰 수 있는 여러 단계로 나눔으로써 우리는 현재 자신의 능력 안에서도 효율적으로 배울 수 있게 된다. 또한 이 때 우리는 주의를 기울일 필요가 있는 진짜 문제를 발견할 수 있다. 한 가지 단순한 문제에만 주의를 기울이다 보면 우리는 자기 자신에 대해 뭔가를 배우게 된다. 이 과정에서 외적인 기술만이 아니라, 자신을 조절하는 능력을 기르게 된다.

존 듀이가 말한 '해보기와 경험해보기' 개념은 과정에 초점을 두고 실험을 통해 배운다는 개념을 잘 드러낸 표현이다. 듀이는 배움이란 시도와 경험의 과정이지, 머리에 개념들을 쑤셔넣거나 기계적인 반복 연습으로 뭔가를 성취하는 것이 아니라고 말했다. 뭔가를 함으로써 우리는 어떤 경험을 하고 때론 고통을 겪기도 하지만 그 과정에서 배우게 된다는 것이다.[3] 그리고 우리가 과제를 잠시 뒤로 접어두고 결과를 평가할 시간을 가질 때 이 경험은 우리를 변화시키고 무언가를 가르쳐준다. "우리는 시도한다. 그리고 이 시도는 우리에게 무언가를 가르쳐준다."

우리가 반복 훈련이나 맹목적인 애씀으로 과제에 접근하면 이와 반대의 상황이 벌어진다. 이 때 우리는 스스로에게 학습의 기회를 주는 게 아니라 오히려 배움을 방해해버린다. 결국 애씀을 통해서는 조금밖에 얻지 못한다. 나는 고등학교와 대학교 시절 오륙 년간 달리기와 암벽 등반을 했지만 약간의 성취감을 맛본 것 말고는 별로 한 것이 없다고 느꼈다. 마음 깊은 곳에서는 내가 이룬 성취가 진정한 방법으로 이루어지지 않았음을 알았기 때문이다. 또 이런 성취들은 내게 단기간의 만족감밖에 주지 못했다.

우리는 어떤 성취를 이루면서도 더 높은 수준으로 발전하기 위한 요소를 아무것도 배우지 못하는 경우가 있다. 무언가를 성취하긴 했지만 어떤 지혜나 이해를 얻지 못한 것이다. 이와 반대로 진정한 배움은 인내심을 갖고 꾸준히 실험하고, 목표를 성취하는 과정에서 자각을 증진시키며 통찰을 얻는 과정에서 생겨난다. 이런 방식의 학습은 가장 깊은 곳에서 우리에게 온전함과 아름다움의 경험을 가져다준다.

하지만 얼마나 많은 사람들이 이런 방식으로 배우겠는가? 우리는 여러 기술과 기본기들을 얼버무리고 넘어가며 그저 애쓰기만 한다. 우리가 초심자라는 생각을 받아들이는 대신 자신이 얼마나 많이 아는지 보여주려 애쓰고, 자신이 무엇을 모르는지 찾아내려 하지 않는다. 더 심각한 것은, 기계적으로 움직이고 자신의 나쁜 습관만 반복하고 있으면서도 자신이 나아지고 있다고 믿는 것이다. 외적인 성취는 우리가 발전하고 있다는 진정한 징표가 아니다. 왜냐면 때로는 지성과 자각 또는 수행 능력의 향상 없이도 장애물을 극복하거나 새로운 목표에 도달할 수 있기 때문이다.

반대로 우리가 배움에 지성적으로 접근할 때 우리는 발전의 각 단계에서 진정한 기쁨을 느끼며 이는 그 자체로 교육적인 경험이 된다. 이 때 우리는 배움이란 자신에게 무언가를 강제하는 것이 아니라 시도하고 경험하며 이를 평가하고 재구성하는 경험임을 발견한다. 궁극적으로 이러한 배움의 과정은 더 큰 자유와 이해, 겸손, 자기 앎에 이르게 한다. 배움은 내면의 계발과 통찰, 그리고 인격의 형성으로 이어지는 길이 되는 것이다.

멀리 내다보면서 배울 줄 아는 능력

기술적으로 가장 높은 수준에 이른 사람은 아무것도 하지 않으면서 연습하고, 움직임이 저절로 이루어지도록 기다리며, 성공하고자 하는 욕망이 아니라 자신이 무엇을 하고자 하는지에 대한 명료한 의도에서 동기를 얻는다. 이런 경지에 이르는 법을 아는 것은 그 자체로 성숙함과 인내, 즉각적인 결과보다는 멀리 내다보고 배우는 힘을 필요로 한다.

인간이 다른 동물과 두드러지게 다른 점이 있다면 즉각적인 결과를 추구하면서 본능적이고 맹목적으로 접근하지 않을 수 있다는 점이다. 강아지가 입에 막대기를 물고서 집 안에 들어가려 애쓰면서 계속 문틀에 부딪히는 이유는 막대기를 문 채로 들어가고 싶은 욕망을 내려놓지 못하고, 즉각적인 결과에만 정신이 팔려 있기 때문이다. 반면 우리 인간은 십 년 뒤에는 숙달될 수 있으리라 희망하며 어떤 기술을 수 년씩 연마하는 존재다. 이런 선택을 할 때 우리는 눈앞의 만족보다 장기적인 목표를 우선시한다. 인간만이 지닌 이런 두드러진 특징은 예술과 이상, 또는 장기적인 목표를 가치 있게 여길 수 있는 능력에서 생겨난다.

이렇게 긴 시간 헌신할 수 있는 능력은 기술 숙달뿐 아니라, 기술에 지성적으로 접근하기 위해서도 꼭 필요하다. 어떤 기술에 숙달되려면 맹목적인 애씀을 내려놓고 잠재력을 키우는 훈련 방식과 목표에 우회적으로 접근하는 배움의 과정을 택해야 하기 때문이다. 이를 위해서는 성취할 목표를 단계별로 나누어 체계적으로 전달할 줄 아는 교사가 필요하다. 또한 당장은 이해하지 못할지라도 장기적인 목표를 향해 매일 배움을 이어가는 학생의 헌신도 필요하다. 교사는 지성적인 연습에 필요한 구조를 제공해야 하고, 학생이 해야 할 일은 이 훈련을 내면화하여 결국 자기 자신의 교사가 되는 것이다.

5. 학습 장애와 심리 문제

마지막으로 정서적인 어려움과 학습 장애의 관련성에 대해 살펴보기로 하자. 오래 전 한 친구가 차를 가지고 있는데 운전을 배우지 못해 차고에 세워두고만 있다고 했다. 내가 운전하는 법을 가르쳐주겠다고 했지만 그녀는 계속 자신이 운전을 배울 수 없다고 말했다. 그동안 꽤 여러 사람한테서 운전을 배워보려고 해봤지만 운전대 앞에만 앉으면 너무 겁을 먹어 배울 수 없었다는 것이다. 이야기를 더 들어보지 않아도 그 친구가 공포증 때문이 아니라 잘못된 교육 방식 때문에 어려움을 겪었다는 것을 알 수 있었다. 그동안 다른 사람들은 도로 위에서 주행하며 그녀를 가르치려 했고, 이 방법은 실패로 끝나기만 했다.

심리가 아닌 교육 방식의 문제

학생이 상당히 불안해하는 상황임에도 불구하고 선의로 가득한 교사들이 아이에게 야구공을 쳐보라고 하거나 어른에게 운전을 가르치려는 모습을 자주 본다. 가르치고자 하는 의도는 좋으나, 이는 불안해하는 학생을 가르치기엔 적절치 못한 방식이다. 나는 그저 빈 주차장에서 운전해보게 하면서 친구가 쉽게 운전을 배우게 있게 도와줄 수 있었다. 도로 위 교통 상황을 인식하느라 스트레스에 시달리지 않고 차 다루는 법을 배우는 데만 오롯이 전념할 수 있었기 때문이었다. 그녀는 운전을 즐겼고, 한 시간 만에 주차장에서 편안히 주행할 수 있게 되었다. 그 뒤엔 과도한 불안에 시달리지 않고도 상황을 완벽히 장악하며 도로에서도 주행할 수 있었다.

내가 이 사례를 드는 데는 이유가 있다.(이 사례에 대해서는 나중에 좀 더 자세하게 검토할 것이다.) 운전대 앞에 앉아 패닉 상태에 빠지는 학생을 볼 때 우리는 이 문제가 정서 장애나 공포증 때문이라며 심리치료나 검사가 필요하다고 가정하기 쉽기 때문이다. 하지만 사실 정서는 그녀가 겪는 문제의 일차적인 요인이 아니었다. 계속 실패가 반복될 때 학생은 자연스레 자신감을 잃게 되고 결국 무언가를 수행하라고 할 때면 걱정에 휩싸이게 된다. 이러한 부정적인 감정들은 과제에 직면할 때 공포증과 같은 병적인 불안 또는 패닉 등으로 이어지기도 한다. 하지만 내 친구가 겪었던 문제의 핵심은 학습과정의 난관이었지 정서적 혼란이 아니었다. 그래서 이 때는 심리상담사가 아니라 지혜로운 교사의 도움이 필요했던 것이다.

자신의 감정 상태에 대해 탐구해보면 두려움과 이 두려움에 일조했을 법한 이전의 경험에 대한 통찰을 얻을 수 있을지 모른다. 또 운전대 앞에 앉았을 때 생겨나는 두려움을 제어하는 기술을 배울 수도 있다. 하지만 이 기술들이 그녀에게 운전하는 법을 가르쳐주거나 운전 능력에 대한 진정한 자신감을 얻을 수 있는 적절한 학습 환경을 제공하지는 않는다. 이것은 심리상담자가 아니라 이 상황을 적절히 구조화할 수 있는 교사의 역할이다.

그래서 앞으로 살펴볼 많은 문제들은 본질적으로 학습에 영향을 미치는 정서적 문제가 아니라 정서적인 문제를 담고 있는 '학습의 문제'다. 최근 몇십 년간 내면을 살피는 심리학 이론이 사회를 지배하면서 우리는 자동적으로 학습 장애가 내면의 정서 문제로 인해 일어난다고 가정하는 경향이 있다. 하지만 이 학생의 문제는 사람들이 흔히 생각하듯 정서적인 요인으로 발생한 것이 아니라, 배움의 실패가 정서적인 반응으로 드러난 것에 불과했다. 왜 운전자가 겁을 먹었는지 이해하고 두려움을 달래며 귀기울여주는 것이 필요할 수도 있지만, 이것이 문제를 해결하지는 못한다. 이 문제를 푸는 열쇠는 학생에게 두려움을 유발하는 상황을 만들지 않으면서 동시에 긍정적인 배움의 경험을 제공하는 환경을 만들 줄 아는 것이다. 이는 이전의 실패와 연결되어 있던 부정적인 감정을 해소해주기도 한다.

물론 학교에서 학습부진을 겪는 학생들의 문제가 정서적 어려움이나 불우한 가정환경 때문인 경우도 많다. 하지만 앞서 소개한 운전자가 겪는 것과 같은 문제는 정서적인 요인으로 일어나는 것이 아니라 단지 질 낮은, 심지어 해로운 교육 방식 때문에 배움에 실패함으로써 일어난다고 확신한다. 이런 문제는 지금 아이들에게 유행병처럼 번져 있다.

교육에서 가장 파괴적인 것은 아이들을 계속 실패에 휘둘리게 만드는 가르침에 대한 무지다. 교사들이 이러한 패턴을 인지하지 못할 때 배움은 계속 실패로 이어지며, 이는 아이가 새로운 상황을 풀어가는 능력을 떨어트리는 원인이 된다. 하지만 상황이 개선되어 아이가 자유롭게 배우고 기술을 습득하여 진정한 자신감을 얻게 되면 실패와 결부되어 있던 심리적인 문제들은 자연히 사라져버린다.

오늘날 많은 부모들은 자신이 성장하면서 겪었던 배움의 어려움을 미화하여 아이들에게 전달하는 경향이 있다. 이것이 아이들에게 어떤 정서적인 지지가 되어줄 수 있을지는 몰라도 지성적인 가르침을 주지는 못한다. 아이들은 사랑과 지지를 필요로 하지만 동시에 적절히 학습할 수 있는 구조화된 학습 환경과 훈련도 필요로 한다. 우리가 이것을 간과하는 주된 이유 중 하나는 기술을 숙달하는 것이 삶의 주요한 과제라는 것을 이해하지 못하기 때문이다. 부모들은 자신의 아이들이 배워서 성공하기를 바라지만 그들은 기술에 숙달되는 것보다는 지적인 능력만을 중시할 뿐이다. 하지만 글을 읽고 수학에 능통한 인지적 능력 못지않게 악기 연주나 운동처럼 몸을 사용하는 기술에 숙달하는 것 속에는 인간의 잠재력 실현의 씨앗이 담겨 있다.

제대로 해야 한다는 두려움

어려움을 겪고 있는 학생을 돕는 것이 보기보다 쉬운 일은 아니다. 글자 쓰기의 어려움을 겪는 아이의 경우를 다시 살펴보자. 대부분의 기술에서도 마찬가지지만 이 때 발생하는 문제는 아이가 과도하게 애쓰며 근육을 긴장시킨다는 점이다. 하지만 당신이 덜 애쓰며 글자 쓰는 방법을 보여준다면 어떻게 될까? 아이는 아마 힘을 좀 덜 들이고 쓰는 경험을 하겠지만 이것을 글자 쓰기라고 여기지 않아 결국 이 방법을 적용하는데 어려움을 겪을지도 모른다.

어쩌면 아이가 문젯거리들을 만드는 습관에 더 집착하게 될 수도 있다. 왜냐면 습관은 익숙함, 노력하고 있다는 느낌, 사람들이 자신에게 기대하는 것을 하고 있다는 안정감을 주기 때문이다. 하지만 문제의 절반은 이러한 마음가짐에서 생겨난다.

무언가를 해내지 못할까 두려워할 때 우리는 그 행위를 잘 해내는 데만 집착하게 된다. 그리고 무언가를 잘 해내야겠다는 관점에서 생각하는 순간 우리는 이전에 문제를 유발하던 바로 그 행동들을 하게 된다.

실패에 대한 두려움은 새로운 것을 배울 때 겪게 되는 문제를 지속시킨다. 두려움이 문제를 유발하는 바로 그 마음가짐에 우리를 묶어놓기 때문이다. 겁먹고 있거나 걱정스러워 할 때 사람들은 자신의 습관이 상황을 더 악화시키더라도 문제를 유발하는 행위나 태도를 고집하는 경향이 있다. 이 때 교사가 새로운 방법과 방향을 제시하여 개입하지 않으면 학생은 계속 허우적거릴 것이다. 배우는 이들에게는 자신의 문제를 극복할 수 있는 잠재력이 있지만, 노력하는 것이 때로는 스스로를 방해하기도 한다.

아이가 언제 학습에 어려움을 겪는지 인식할 수 있는 능력은 교육에서 매우 중요한 요소이지만 오늘날의 교육론에서는 이를 별로 인정하지 않는다. 『아이들은 왜 실패하는가』[4]에서 존 홀트는 교사가 질문을 던지거나 문제를 풀어보라고 할 때 많은 아이들이 느끼는 공포에 독자의 주의를 끈다. 우리들 대부분은 교실에서 실수하는 것이 얼마나 두려운 일이었는지 알고 있다.

또, 많은 아이들이 음악이나 운동의 기초 기술을 익히는 데 어려움을 겪는다. 그러나 우리는 기술을 익히는 과정을 진지하게 인식하지 않기에 이 문제를 대수롭지 않게 여긴다. 아이들이 스포츠나 음악에 몰입한 모습을 보며 우리는 그들의 능력에 대해 이러쿵저러쿵 평가하는데 바쁠 뿐 아이들을 적절한 방법으로 가르치고 있는지 살펴보는 것은 잊는다.

많은 아이들이 (심지어 어른들도) 새로운 기술을 배울 때 겁을 집어먹곤 한다. '제대로 해야 한다'라는 우리 뼛속까지 스며 있는 관념 때문인데, 이는 오히려 지성적인 방식으로 배우지 못하게 만들 뿐이다. 대개는 더 애쓰도록 다그침을 받지만, 바로 이 때문에 우리는 계속 배움에 실패하며, 결국 자신의 잠재력을 온전히 실현하지 못하게 된다. 그러나 적절히 구조화된 환경에서 실험해보며 배울 수 있는 기회가 주어질 때, 우리는 비로소 맹목적인 애씀의 악순환을 끊고 배움에 지성적인 방식으로 접근할 수 있다.

2장

기술의 구성 요소

배움의 과정은
우리가 무엇을 '해야 하는가'만이 아니라
무엇을 '하지 않아야 하는가'라는 질문도
포함하고 있다.

1. 움직임의 요소

앞서 얘기했듯이 우리는 흔히 기술이 자신과 동떨어진 어떤 특별한 능력을 요구하기 때문에 이를 적극적으로 배워 습득해야 한다는 선입견을 갖고 있다.(이것이 이 책에서 도전하고 싶은 부분이기도 하다.) 그래서 우리는 낯선 기술을 배울 때 대개 눈앞에 놓인 작업과 그것을 제대로 해내는 데만 주의를 쏟는 경향이 있다. 1장을 통해 우리는 왜 이것이 잘못되었는지 조금씩 이해하기 시작했다. 자, 그럼 이제부터 기술이 어떤 요소들로 구성되어 있는지 살펴보도록 하자.

반사운동과 수의적 운동

우선 기술을 이루는 가장 기본적인 요소인 반사작용(또는 반사운동)에서 시작해보자. 대개 사람들은 피아노에서 가장 어려운 악절을 매끄럽게 연주하거나 발레의 어려운 점프 동작을 해내는 것이 기술 완성의 증표라고 말할 것이다. 하지만 어느 분야에서든 어려운 묘기를 해내는 사람들은 널렸다. 고수란 이런 기술을 '쉽게' 해내는 사람들이다. 뛰어난 가수, 무예가, 피아니스트처럼 무언가를 능숙하게 해내는 사람들은 마치 그 일을 저절로 해내는 것처럼 보인다. 그 이유는 대부분의 기술들이 자연스럽고 자동적으로 일어나는 기본적인 움직임으로 구성되어 있기 때문이다. 역량을 기른다는 것은 사실 자연스럽고 자동적인 움직임을 방해하는 장애물들을 치워가는 과정이다. 이렇게 애씀 없는 아름다움의 경지에 이르렀을 때 우리는 그 실력에 감탄하며 예술이라고 말한다. 다시 말해 기술 완성의 증표는 묘기가 아니라 애씀 없는 자연스러움인 것이다.

그렇다면 걷기라는 단순한 움직임에서 기술의 반사운동 요소에 대해 생각해보도록 하자. 걸을 때 사람들은 대부분 무게 중심을 이동하고자 엉덩이를 한쪽으로 기울인다. 그러면 체중이 한쪽 다리로 이동하게 되고 이 때 다른 쪽 다리를 앞으로 내민다. 그 다음엔 다시 앞다리가 무게를 지탱하고, 뒷다리가 앞으로 나가면서 걷기라는 움직임이 이루어진다.

이와 달리 걸음을 내딛으려는 욕구를 잠시 접고 발목을 축으로 해서 몸을 앞으로 기울여보면 어떤 일이 일어날까? 옆에서 보면 몸이 발목을 축으로 앞으로 회전하는 것처럼 보일 것이다. 이 때 무릎이 앞으로 나가도록 허용하면 걷거나 움직이려 애쓰지 않아도 쉽게 걸음을 뗄 수 있게 된다. 다리를 움직이려 애쓰는 것이 아니라 그저 몸을 앞쪽으로 기울이고 거기에 다리가 따르게 함으로써 우아하고 자연스럽게 걷게 되는 것이다.

여기에서 다리를 움직이거나 긴장시킬 필요가 없었다는 점에 주목해보라. 우리는 저절로 걷게 되었지 애써 걸음을 뗄 필요가 없었다. 흔히 걷기를 의지에 따른 의도적 활동이라 생각하지만 사실 걷기는 거의 반사작용 또는 자동반응으로 이루어지는 것이기 때문이다. 나이를 먹으면서 우리에겐 이런 자연스러운 반사작용을 방해하는 경향이 생긴다. 그래서 걷기뿐 아니라 의자에서 일어서거나 뭔가를 줍기 위해 몸을 구부리는 일상의 움직임조차 어색하고 힘이 드는 활동이 되어버린다. 하지만 걷기 그 자체는 원래 쉽고 애씀 없이 이루어지게끔 되어 있다. 방향을 바꾸거나 갑자기 뛰거나 하지 않는 한 걸을 때 의지력을 발휘할 부분은 없다. 의지력이라고 할 수 있는 것은 걷기를 선택하는 것이지 걷는 행위 그 자체가 아니다.

걸음을 내딛기 위해서는 그 동작이 가능하게끔 몸 전체의 근육이 제 기능을 할 수 있어야 한다. 만약 팔을 구부리면 당신은 이 동작과 가장 직접 연관된 이두박근의 수축을 인식할 수 있을 것이다. 하지만 팔을 구부리는 것처럼 단순한 동작도 사실은 보기보다 복잡한 움직임이다. 이 움직임을 수행하려면 서거나 앉은 자세에서 몸을 지탱하는 근육, 등과 연결된 근육들에 의해 어깨 전체가 안정된 상태에 있어야 하기 때문이다. 즉 이두박근 같은 특정 근육은 자세를 지지해주는 몸 전체의 맥락 안에서 기능한다. 몸의 기본자세가 의도적인 어떤 동작의 배경이 되어주는 것이다. 의도적인 동작의 배경에 자동적이거나 반사적인 움직임이 작용하고 있음을 놓치지 말아야 한다.

　사람들에게 걷기에 필요한 움직임에 대해 설명해보라고 하면 대개는 다리와 엉덩이 근육의 움직임에 대해 이야기할 것이다. 하지만 걷기에서 가장 기본적인 것임에도 사람들이 주의를 기울이지 않는 요소는 바로 수직으로 서는 것, 즉 직립 그 자체다. 우리는 대부분 아무런 애씀 없이 서 있을 수 있다. 자신이 어떻게 서는지 생각하거나 균형을 유지하려 애쓸 필요가 없다. 그렇게 자연스럽게 서서 발목에서부터 살짝 앞으로 몸을 기울이며 무릎이 앞으로 구부러지도록 허용하기만 하면 다리가 저절로 앞으로 나간다. 약간의 의도적인 노력만으로 걷기라는 움직임이 일어나는 것이다. 당신이 애써 움직이지 않아도 동작은 자연스럽게 일어난다. 이는 인체가 중력의 힘을 빌어 위치에너지를 운동에너지로 전환하는 법을 알고 있기 때문이다. 이 관점에서 보면 걷기는 능동적인 움직임을 필요로 하는 활동이 아니다. 내재된 반사운동이 방해받지만 않으면 걷겠다는 단순한 결정만으로도 우리는 걷게 되고 이후의 움직임은 저절로 일어나기 때문이다.

그렇다면 우선 자신을 방해하는 습관들을 제거함으로써 몸을 지탱하는 근육들이 반사적으로 기능할 수 있게 해주고, 다음엔 이 반사작용을 방해하지 않으면서 어떻게 걸을 수 있는지 이해함으로써 우리는 바른 방식으로 걷는 법을 터득할 수 있다. 이는 다른 여러 행위에서도 마찬가지다. 이미 존재하는 반사작용에 의도적인 행위를 덧씌우는 것이 아니라, 반사작용이라는 요소를 바탕에 두고 명료하게 생각하는 과정을 통해 동작을 정확하게 수행할 수 있는 것이다.

애씀 없는 행위

피아노를 연주하거나 노래 부르는 일 같은 복잡한 기술에는 이 원리를 어떻게 적용할 수 있을까? 걷기 같은 단순한 활동에는 어떤 특별한 '행위'가 필요하지 않을지 모른다. 하지만 특별한 기술을 요하는 움직임은 그보다 훨씬 복잡하다. 그러니 무엇을 '해야' 하는지에 대한 특별한 지식이 필요하지 않겠냐고 물을 수 있겠다. 물론 노래 부르기, 난이도가 높은 무술 동작, 피아노 연주 등은 어느 정도 의도적인 노력을 요구한다. 하지만 이 또한 걷기나 서기와 마찬가지로 일련의 반사운동으로 이루어져 있다. 사실 이 기술들이 복잡한 이유는 의도적으로 해야 할 동작이 늘었기 때문이 아니라, 몸의 반사작용 기능을 방해하지 않으면서 이 복합적인 움직임들을 하나씩 조율해야 하기 때문이다. 이렇게 할 수만 있다면 움직임은 부드럽고 능숙하게 일어난다. 하지만 이와 반대로 행위가 여러 움직임이 기초하고 있는 반사작용을 방해하는 방식으로 이루어지면 기술 수행은 능숙하게 이루어지지 않는다. 다시 말해 기술의 복합적인 움직임은 반사작용 위에 덧붙여진 것이 아니라, 자연스러우면서도 정제된 반사운동, 또는 반사운동의 변주라고 할 수 있다.

이것은 부분적인 움직임이 몸 전체의 움직임과 분리되어 있는 것이 아니라 오히려 몸 전체 움직임으로부터 파생되어 나온다는 것을 의미한다. 글자를 쓰는 행위가 손과 팔목 정도만 움직이는 행위처럼 보일 수 있다. 특히 펜 쥐는 법이나 글자 쓰는 요령을 알려줄 때 이 부분만 강조할 수도 있다. 하지만 펜을 놀리기 위해 혀나 목의 근육을 긴장시킨다면 아직 펜을 사용하는 기술을 숙달하지 못한 것이다. 글자를 쓸 때 사용하는 손의 특정한 작은 근육들의 움직임은 사실 다른 불필요한 움직임의 자제를 포함하는 전체 움직임 패턴의 일부분이다. 몸 전체의 움직임 패턴이 부분적인 움직임의 바탕인 셈이다.

이것은 어떤 활동을 하는데 불필요한 몸의 다른 부분들이 온전히 이완된 상태로 있을 때 가장 높은 수준의 기술 숙달에 이르게 되는 이유를 말해준다. 다시 말해 기술을 숙련된 방식으로 수행하기 위한 필요조건은 고도의 기교가 아니라 오히려 불필요한 움직임을 피하는 경제적인 노력인 것이다. 노래 부르기를 통해 이 원리가 어떻게 적용되는지 살펴보자.

초보 가수들은 긴 악절이나 높은 옥타브의 음을 부르기 전에 숨을 훅 들이마시면서 몸의 전반적인 긴장도를 높인다. 이는 자연스러운 음조를 내는데 기초가 되는 내재된 반사작용을 방해한다. 복잡한 악절이나 높은 옥타브의 음을 내기 위해 필요한 것은 특별한 발성 기술이 아니라, 모든 발성의 기초가 되는 자연스러운 호흡 과정을 방해하지 않으면서 자기 앞에 놓인 과제를 마주하는 능력인 것이다.

유명한 테너 가수 루치아노 파바로티가 노래하는 영상을 보면 이런 애씀 없음의 살아 있는 예시를 볼 수 있다. 그는 노래하기 전에 그 어떤 준비 동작도 하지 않는다. 그러다가 순간 턱이 열리며 소리가 울려 퍼져 나오는데, 노래하는 내내 어떤 신체적인 애씀도, 악절 사이에 의도적으로 숨을 들이쉬는 모습도 보이지 않는다. 만약 볼륨을 끄고 그의 공연을 본다면 턱의 움직임을 제외하고는 그가 지금 노래를 부르고 있는지 악절 사이에서 멈추어 있는지 잘라 말하기 힘들 것이다. 노래하기는 고도의 신체 제어 능력을 필요로 한다. 그 중에서도 파바로티의 숙련도는 가히 예술적이라 할 수 있는데, 왜냐면 그는 노래하는데 거의 아무것도 안 하는 것처럼 보이기 때문이다. 그는 자신에게 내재된 반사작용을 방해하지 않으면서 노래하는 데 필요한 발성기관을 사용할 수 있는 것이다.

유명한 바이올리니스트 하이페츠 또한 애쓰지 않음의 특질을 잘 보여준다. 그의 연주 장면을 묘사해보자면 이렇다. 그는 무대에 올라 거의 움직이지 않고 서 있다. 연주를 시작할 때 바이올린을 들어올려 턱 아래에 받치고는 활을 든 팔과 손가락만 움직일 뿐 몸의 다른 부분들은 거의 움직이지 않는다. 연주를 마치면 가만히 팔을 내려놓을 뿐, 몸의 다른 부분은 거의 움직이지 않는다. 우리는 그 모습에서 무위無爲와 경제적인 노력이 무엇인지 볼 수 있다.

나중에 호흡과 발성에 대해 논의할 때 더 깊이 살펴보겠지만, 유아들은 대개 이 반사작용이 자연스럽고 방해 없이 기능하는데 반해, 많은 성인들은 이를 점차 잃어버린다. 그래서 대부분의 가수들이 마주한 도전 과제는 복잡한 발성 기술들을 습득하는 것이 아니라, 노래하기라는 행위가 자연스레 일어날 수 있게 반사작용의 요소들을 회복하는 것이다. 가장 복잡한 행위에서조차도 가장 중요한 것은 행위의 기본이 되는 반사작용이다. 그래서 노래를 부르는 이는 우선 어떤 요소들이 자동적으로 소리를 내게 하는지를 발견하고 이를 기초로 노래하기의 기술 전반을 탐구해야 한다.

그렇다면 능숙한 행위는 두 가지 요소로 이루어져 있다고 할 수 있다. 하나는 반사작용 또는 자동반응적 요소이고 다른 하나는 수의적 요소다. 여기서 배움과 밀접하게 관련되어 있는 것은 수의적 활동이다. 기술에서 우리가 의도적으로 배워서 행해야 하는 활동이기 때문이다. 하지만 그 기술이 아무리 섬세하고 복잡해도 수의적 활동은 대개 우리가 별로 의식하지 못하는 자동반응적 요소들로 이루어져 있다. 노련한 가수의 경우 발성은 '해야 하는 것'이 아니라 그저 '일어나는 것'

처럼 보인다.

사실 우리가 하는 행동의 많은 부분은 자연스런 반사작용
으로 일어난다. 어떤 숙련된 행위에서든 수의적 요소의 배경
이 되는 기본 움직임 또한 반사작용이다. 이것은 배움의 과정
에서 우리가 적극적으로 뭔가를 해내는 것에만 초점을 두지
않아야 함을 의미한다. 실제로 노래 연습의 상당 부분은 어려
운 악절을 부를 때 이런 반사작용을 방해하지 '않는' 법을 배
우는 과정이다. 배움의 과정은 우리가 무엇을 '해야 하는가'만
이 아니라 무엇을 '하지 않아야 하는가'라는 질문도 포함하고
있는 것이다.

2. 심리적 요소

인식perception

지금까지 배움을 방해하는 몇 가지 장애물과 움직임에서
반사작용, 수의작용이라는 요소를 살펴보았다. 이제는 기술의
심리적 요소들을 살펴보도록 하자. 살면서 한 번쯤은 불가능
해 보이는 어려운 동작을 쉽게 해내는 뛰어난 선수들을 부러
워한 적이 있을 것이다. 그런 기술을 배우려 할 때 우리는 자
신이 아직 뭘 해야 하는지 알아내지 못했다고 생각하고 특정
동작을 반복하지만 그다지 잘해내지 못한다.

능숙한 행위는 우리가 반복해서 재현하는 법을 배워야 하는 어떤 분리된 대상이나 동작이 아니다. 온전한 움직임을 위해서는 행위뿐만 아니라 인식의 요소들이 함께 어우러져야 한다. 테니스의 포핸드 스트로크를 살펴보자. 뛰어난 선수는 라켓을 어떻게 조화로운 방식으로 휘둘러야 하는지 안다. 아마 우리가 포핸드를 잘 치는 법을 배우려 할 때 따라하려 애쓰는 것이 바로 이런 선수들의 동작일 것이다. 그러나 공을 잘 치려면 단지 특정 방식으로 라켓을 움직이는 것만이 아니라 공이 어디에 있는지 인지하고, 공의 궤적에 우리의 움직임을 조정하며, 공이 라켓에 맞는 것을 느끼는 능력도 필요하다. 이 모든 요소들이 전부 모여 포핸드 스트로크라는 액션을 만들어내는 것이다.

공을 잡는 것도 마찬가지다. 손과 눈의 협응이 미숙한 사람에게 공을 던져보라. 이 사람은 공을 잡으려고 애쓰다 떨어트리는 경우가 많을 텐데, 이건 그들이 공이 어디에 있는지 정확히 파악하지 못하고, 손이 충분히 민감하지 못하기 때문이다. 그들은 이 활동을 무언가를 '해야' 하는 것으로 인식한다. 하지만 공을 잘 잡는 사람들은 먼저 공이 어디에 있는지 파악하고 그에 따라 자신의 움직임을 조절할 수 있는 능력이면 충분할 뿐 공을 잡는 데 의도적인 동작이 별로 필요하지 않다는 사실을 안다. 이 때 공을 잡는 일은 공의 궤적에 따라 그저 자신의 움직임을 조절할 뿐인, 애씀 없는 평범한 손놀림이 된다.

우리는 무엇을 '함'으로써가 아니라 우리가 인식한 것에 대한 자신의 반응을 조절함으로써 기술 숙달에 이를 수 있다. 라켓으로 테니스공을 치는 것과 한 손으로 공을 잡는 것은 공의 궤적을 따라가면서 그에 맞게 대응하는 능력을 요구한다. 그래서 어떤 기술을 제대로 해낼 수 있으려면 수용적인 요소가 핵심이다.

기술의 수용적receptive 요소를 경험하고 싶다면 다음 실험을 해보자. 누군가에게 공을 몇 번 던져봐 달라고 부탁하라. 당신 앞에 투명한 벽이 있다고 가정하고 이 공의 궤적을 바라보며 공이 언제 이 투명한 벽을 통과하는지 관찰해보라. 다음에는 공이 날아올 때 공이 이 평면을 통과하는 지점에 손을 뻗어 공의 궤적을 차단하도록 해보라. 공을 잡으려고 시도하지 말고 그저 공의 궤적 중간에 손을 두어 공이 손바닥에 부딪히게 놔두는 것이다. 여기에 능숙해질 때까지 이 실험을 여러 번 반복해보라. 이제 같은 실험을 반복하되 이번에는 공이 손에 부딪힐 때 공을 살포시 잡을 수 있을 만큼 손바닥이 부드럽고 유연하다고 생각해보라. 당신이 아무것도 '하지' 않아도 공의 궤적에 그저 손을 놓아두고 수용적인 요소에 (공의 궤적을 보기, 손을 움직여 공에 대응하기, 손바닥에 공을 느끼기) 주의를 기울이면 공을 쉽게 잡을 수 있다. 공을 잘 못 잡는 사람과 이 실험을 해보라. 연습에 이런 요소들을 포함시킴으로써 그들은 공 잡기에 능숙해지고 움직임이 자연스러워질 것이다. 그들은 공을 잡는 것이 애써 무언가를 하는 것이 아니라 상황에 적절히 응답하는 것임을 배운 것이다.

공 잡기나 이와 비슷한 종류의 기술에 능동적인 요소가 없다는 건 아니다. 공 잡기나 던지기 또는 테니스의 스윙에는 분명 수행해야 하는 동작, 즉 능동적 요소가 존재한다. 하지만 공을 잡는 동작에서 뚜렷이 구분되는 특질은 우리가 효율적으로 응답하는 법을 안다면, 다시 말해 지나치게 활동적인 상태가 아니라 충분히 수용적인 상태에서 공에 적절히 반응할 수 있다면 우리가 별다른 행위를 하지 않아도 공을 잡을 수 있다는 것이다.

그렇다면 앞서 말한 것처럼 모든 행위에는 수용적 요소와 능동적 요소가 함께 포함되어 있다고 말할 수 있다. 공 잡기의 경우 수용적 요소는 주로 시각과 촉각이고, 능동적 요소는 움직임 그 자체다. 그러나 이 둘은 함께 기능한다. 공을 잡는 움직임은 우리가 공의 궤적을 파악하는 것에 대한 반응으로 일어나기 때문이다.

마지막으로 다음 사례를 고려해보자. 테이블에 유리잔을 두고 그쪽으로 손을 뻗어보라. 지금 당신이 유리잔을 잡을 수 있는 이유는 이전에 이 움직임을 배웠기 때문인가? 그렇다면 지금 당신은 그저 이전에 배운 행위를 똑같이 반복하고 있는 것인가? 만약 그게 사실이라면 당신은 각각의 상황에 맞는 특정한 동작을 배울 필요가 있다는 결론에 이르게 될 텐데, 이는 물론 터무니없는 일이다. 또한 계속 반복 연습을 해서 정확한 동작을 하게 되었다고 가정하는 것도 불합리하다. 그보다 유리잔을 보고 팔을 움직이면서 그 움직임이 적절한지 전달해주는 시각적 피드백을 통해 팔의 움직임을 조절한다고 말하는 게 더 정확할 것이다.

그렇다면 이 단순한 행위는 사실 올바른 동작을 하는 문제가 아니라 손을 뻗는 것에서 시작해 시각이나 촉각으로 받아들인 정보에 반응하여 움직임을 조절해가는 자기 조절 능력이자 능동적인 탐구과정인 셈이다. 당신이 '올바른 동작'을 하는 것이 아니라, 움직이면 그 뒤에 시각과 촉각이 전해주는 피드백이 그 움직임을 조절하는 것이다. 이런 조절은 우리가 무언가를 집을 때마다 계속 일어난다. 이를 인식하지 못하는 이유는 이 조절이 거의 즉각적으로 일어나며 우리가 여기에 너무 익숙해져 있기 때문이다.

당신이 갓난아기였을 때는 물건을 쥘 수도 없었다는 점을 생각해보라. 손을 뻗어 물건을 쥐기 위해 우리는 손의 움직임과 시각, 촉각, 손으로 물체를 쥐는 능력을 조율하는 법을 배워야만 했다. 그 발달 단계에서는 심지어 물체가 우리와 분리되어 있다거나 손을 뻗으면 그 물건을 쥘 수 있다는 것도 이해하지 못했다. 의도적인 행위로 환경을 지배할 수 있다는 것을 이해할 수준에 아직 이르지 못한 것이다. 외부 세계를 인식하고 의도에 따라 움직일 수 있으려면 우선 운동과 감각인식 사이에 협응이 이루어져야 한다. 발달과정을 통해 이런 능력을 얻게 되면 우리는 움직임과 감각 정보들을 조율할 수 있게 되어 마침내 의도적으로 어떤 행동을 할 수 있게 된다.

주의^{attention}

기술을 정의하거나 가르치려고 할 때 우리는 악기의 음계를 바르게 누른다거나 야구방망이를 휘둘러 공을 맞추는 등 가시적인 움직임에만 집중하는 경향이 있다. 그러나 기술은 우리가 무엇을 연주하고 싶은지 명료히 생각하거나 공의 움직임을 인지하고 그에 맞게 동작을 조절하는 능력처럼 수용적인 요소도 포함하고 있다. 물론 이를 위해서는 주의력이 필요하다.

앞서 운전을 배우는 사람의 사례에서 보았듯이, 학습의 핵심은 필요한 부분에 주의를 기울이는 법을 알아가는 것이다. 운전 기술을 익히려면 핸들을 돌리고 발로 가속 페달과 브레이크를 구분해서 밟는 법 등을 배워야 한다. 하지만 이런 움직임의 요소들은 다양한 시도를 해보고 그 결과를 관찰하는 과정에서 자연히 숙달된다. 도로에서 주행할 때도 마찬가지다. 미숙한 운전자는 주변 차들에 위협을 느껴 갑작스럽게 움직이고 성급히 반응한다. 하지만 능숙한 운전자는 주변에 무슨 일이 벌어지고 있는지 인식하면서 필요한 행동만 한다. 다르게 말하면, 그는 운전에 필요한 요소들에 주의를 기울이고 있는 것이다.

따라서 교사의 역할은 학생이 무엇을 '해야만' 하는지가 아니라 무엇에 '주의를 기울여야' 하는지를 가르치는 것이다. 그래서 교수법에서 고려해야 하는 것은 학생이 주의를 기울일 필요가 있는 부분을 강조하고, 동작을 제대로 하려고 애쓰느라 마음이 산만해지는 일이 없도록 그 방향의 주의를 거두게 하는 것이다.

야구공을 치는 행위도 같은 맥락에서 이해할 수 있다. 공을 치기 위한 첫 번째 조건은 방망이를 잘 휘두르는 동작이 아니라 공을 '보는' 것이다. 만약 방망이를 휘두르면서 공을 보지 못한다면, 당신의 스윙이 아무리 좋아도 공을 치지 못할 것이다. 대부분의 아이들은 (심지어 때로는 숙련된 선수도) 공을 치는 데만 너무 열중해서 방망이를 휘두를 때 공을 보는 것을 잊는 실수를 저지르곤 한다. 그들은 더 애쓰는 것으로 이 실패를 만회하려 하지만 이는 더 처참한 실패로 이어진다. 반대로 날아오는 야구공의 실밥까지 볼 수 있다는 소문이 돌던 전설적인 야구선수 테드 윌리엄스처럼, 공을 잘 치는 사람은 강한 힘으로 방망이를 휘두르는 것이 공의 궤적을 읽는 것을 방해하지 않는다. 능숙한 행위에 필요한 첫 번째 요건은 자극에 대한 자신의 반응을 관찰할 수 있는 것이다. 다른 것들이 이를 방해해서는 안 된다.

이와 연관된 또 다른 사례를 살펴보자. 러시아워에 혼잡한 거리를 뛰어가는 상황에 어떤 요소들이 관여되어 있는지 생각해보라. 다른 보행자들을 피하고 차량들을 지나쳐 가기 위해서는 다리와 발이 꽤 복잡한 방식으로 움직여야만 한다. 하지만 당신은 발을 어디에 놓아야 할지 고민할 필요가 없다. 단지 주변 사람들, 커브길, 보도의 장애물 등 길 위에 무엇이 있는지 살필 뿐이고 발은 저절로 움직인다. 세부적인 요소들은 몸이 알아서 처리하기 때문에 당신은 그저 주변 환경을 잘 살피기만 하면 되는 것이다. 당신이 민첩하지 않거나 술에 취해 있어 움직임을 잘 조절하지 못한다면 주의를 아무리 기울인들 사람들을 잘 피할 수 없을 것이다. 하지만 움직임에 문제가 없다고 가정하면, 혼잡한 길을 뚫고 가는 동작을 조화로운 방식으로 수행하는 데 핵심 요소는 '주의 기울이기'밖에 없다. 무엇을 해야 하느냐가 아니라 무엇에 주의를 기울여야 하느냐가 핵심인 것이다.

앞의 여러 사례들에서 주의가 학습에 중요한 요소라는 것을 살펴보았지만, 사실 주의는 기술 성취의 정점을 의미하기도 한다. 일본에서 전해오는 이야기에 검을 다루지 않고도 검술을 터득한 유명한 사무라이 이야기가 있다. 한 젊은이가 검술을 배우러 산에 올랐는데, 일 년간 칼을 어떻게 다루는지 한 번도 배우지 못하고 그저 잡일만 거들어야 했다. 못된 스승을 만나 착취당하는 것은 아닌지 의구심이 들기 시작할 무렵, 스승이 일하고 있는 제자를 대나무 막대기로 공격하며 나무막대기조차 피하지 못하면서 어찌 검술을 배우겠냐고 타박했다. 스승의 비판에 자존심이 상한 제자는 경계심을 늦추지 않고 스승의 공격을 피해보기로 결심했다. 스승은 제자가 주의를 놓치는 순간을 노려 밤낮을 가리지 않고 제자를 공격했다. 몇 년 뒤 청년은 잠을 자면서도 스승이 접근해오는 걸 인식할 수 있게 되었다. 어느 날 제자가 밥을 짓고 야채를 볶고 있는데 뒤에서 스승이 공격해왔다. 제자는 주전자 뚜껑을 잡아채 스승의 공격을 막아낸 뒤 조용히 하던 요리를 계속했다. 그날 밤 스승은 제자에게 검을 주며 제자가 검술에 필요한 모든 것을 터득했다고 말했다. 검 한 번 잡아보지도 않고 검술의 가장 높은 경지인 고요한 자각의 상태에 도달한 것이다.[1]

이런 고도의 주의 상태에 이르기까지는 수 년간의 의식적인 노력이 필요하지만, 꼭 학습을 통해서만 가능한 것은 아니다. 야생동물은 본능적으로 포식자에 대한 민감한 주의력을 갖고 있으며, 어린아이들도 주의력이 민감해서 주변 환경에 대한 자연스러운 자각 능력과 세세한 것들을 관찰할 수 있는 뛰어난 눈을 가졌다. 『심리학의 원리』에서 윌리엄 제임스는 아이들이 주의를 끄는 것들에 쉽게 산만해지기 때문에 교사가 해야 할 주요한 일 중 하나는 아이들이 잡념에 빠지는 경향을 해결하는 것이라고 말했다.[2]

하지만 유아들은 보통 자신의 관심을 끄는 물체에 주의를 유지할 수 있는 고도로 발달된 능력을 타고난다. 언젠가 8개월 된 조카딸이 온전히 주의를 집중해 사이다병에 뚜껑을 돌려 끼우려고 애쓰는 모습을 관찰한 적이 있다. 이것은 깊은 주의depth of attention라고 불리는데, 이렇게 관심이 가는 대상에 주의를 집중하는 능력은 타고나는 것이지 학습으로 생기는 것이 아니다. 우리가 교육과정 속에서는 대개 이런 주의력을 습득하기보다 오히려 잃어버리곤 한다는 점을 기억할 필요가 있다. 물론 이렇게 한 지점에 집중하는 주의만으로는 고도의

기술 숙달에 이를 수 없지만, 이는 모든 배움과 동기부여의 중요한 기반이 된다.[3]

타고난 것이 아니라 우리가 학습을 통해 배워야 하는 주의의 종류는 사물들 사이의 관계에 주의를 기울이는 넓은 주의 width of attention다.[4] 수학 계산에 너무나 몰두해 집에 비바람이 들이칠 때까지 폭풍우가 몰아치고 있는 줄도 몰랐다는 아르키메데스의 유명한 이야기처럼, 깊은 주의는 좁고 편협한 반면 넓은 주의는 다양한 것들이 모여 있는 주변 환경을 한 번에 넓게 인식한다. 자신이 하는 일에 몰입해 있어 뒤에서 스승이 살금살금 다가오는 줄도 모르고 있던 제자에게 부족했던 것이 바로 이 넓은 주의다. 허드렛일을 하면서도 주변에서 무슨 일이 벌어지고 있는지 자각하는 법을 배우는 과정이 곧 검술 훈련 과정이었던 셈이다. 자신이 연주하는 동안 동료 음악가들의 연주에도 주의를 기울여야 하는 재즈 뮤지션, 동료들이 어디에 있는지 늘 인식하고 있어 슛을 막 쏘려고 하다가도 득점에 더 유리한 위치에 있는 동료를 보는 순간 공을 패스할 수 있어야 하는 농구선수도 이런 종류의 주의를 필요로 한다. 고도로 숙련된 모든 활동은 예상치 못한 일이 발생했을 때 평정을 잃지 않고 유연하게 대응할 수 있는 기민성과 평정심을 요구하기 때문이다.

또한 넓은 주의는 복잡한 작업을 수행하는 동안 그 다음을 미리 생각할 수 있게 한다. 예를 들어 능숙한 피아니스트는 악보의 한 줄을 흘낏 보고는 연주하면서 다음 줄을 읽을 수 있다. 이 경우 피아니스트는 이미 자신 안에 어려운 악절을 연주하는 능력이 있기 때문에 다음 악절을 읽으면서도 자동적으로 이 복잡한 악절을 유려하게 연주할 수 있는 것이다. 무예가들도 여러 동작들을 완전히 본능적인 움직임처럼 될 때까지 연습한다. 목표는 상대방의 복잡한 공격을 자동적으로 방어하면서도 동시에 다른 측면에서 다가오는 상대방의 공격을 내다볼 수 있는 여유를 얻는 것이다. 당장 눈앞에 놓인 작업에서 주의가 자유로워져야 새롭고 예측하지 못한 자극에 유연하게 반응할 수 있게 되기 때문이다.

눈과 손의 협응

이제는 정지된 물체에 손을 뻗는 것보다 조금 더 복잡한 예를 살펴보자. 이번엔 누군가에게 유리컵을 이쪽 테이블 끝으로 밀어달라고 부탁하고서 컵이 떨어지기 전에 잡아보기로 하자. 마찬가지로 유리잔을 잡는 것은 단지 올바른 동작을 하는 문제가 아니다. 팔과 손의 움직임이 시각 인식에 맞추어 조정되어야 한다.

하지만 이 경우는 두 가지 이유에서 전보다 훨씬 복잡하다. 물체가 이동하는 궤적을 따라가야 하므로 위치를 파악하기만 하면 눈을 감고도 집을 수 있는 정적인 물체보다 더 많은 주의를 기울여야 한다. 또한 매우 짧은 시간 안에 눈과 팔의 움직임을 조정해야 한다. 정지 상태의 물체를 집을 때는 충분한 시간이 있지만, 움직이는 물체는 순간순간 이동 경로를 예측해야 하고, 그 움직임을 좇아 팔을 뻗고 손에 쥐는 동작들을 조율해야 한다. 만약 이 요소들을 재빨리 조율하지 못하면 컵은 바닥에 떨어지고 말 것이다.

움직이는 물체를 잡는 일은 이처럼 매우 복잡한 일이다. 이것은 결국 시각적 피드백과 손의 움직임을 빠르고 정확하게 협응시키는 능력에 달려 있다. 이 협응이 더 복잡해지면 자칫 오류를 일으키기 쉽다. 외야수가 햇빛 때문에 공의 움직임을 잘 좇아가지 못하거나 공의 궤적을 잘못 판단하면 이 지각 과정의 오류로 인해 공이 날아오는 궤적에 글러브를 정확히 갖다 대지 못하게 된다. 또 공의 움직임을 정확히 파악해도 제때 손을 뻗지 못하면 공이 글러브 가장자리에 맞거나 빗나가 버릴 것이다. 이 경우 실패는 움직임이라는 요소가 불안정해서 발생한 것이다. 요점은 공을 잡는 단순한 행위에 여러 복합적인 요소들이 결부되어 있고, 공을 제대로 잡을 수 있으려면 이 요소들이 조절되어야 한다는 것이다. 이 과정은 고정된 물체를 잡는 것과 달리 너무 복잡하여 실력이 뛰어난 외야수도 때로는 공의 궤적을 잘못 계산하곤 한다.

인식 과정과 몸의 움직임을 정확하게 조율하는 과정은 공을 잡을 때보다 칠 때 더 복잡해진다. 이 때는 공이 아주 빨리 움직이기 때문에 눈 깜짝할 사이에 공의 움직임을 파악하고 스윙을 할지 말지 결정해야 한다. 공의 속도와 궤적을 정확하게 예측하기 어렵기 때문에 공을 포착해 스윙 타이밍을 잡는 것이 어려운 것이다. 그래서 세계 최고의 타자들도 헛스윙을 더 많이 한다.

대부분의 숙련된 활동은 인식과 신체 조정을 일치시키는 복합적인 인식의 장을 필요로 한다. 그리고 특정 동작을 숙달하려면 이런 요소들을 잘 이해해야 한다. 방망이를 휘두를 때 공에서 눈을 떼는 것이 문제의 뿌리라는 사실은 널리 알려져 있다. 타자가 공을 관찰하지 못하면 스윙을 공의 궤적과 일치시키는 데 실패하게 되고, 구질을 판단하지 못하면 스윙하지 말아야 할 때 방망이를 휘둘러버리게 되기 때문이다. 공을 치고자 하는 욕망이 앞서 공을 관찰하는 수용적 요소와 방망이를 휘두르는 능동적 요소가 균형을 잃은 것이다.

기술 수행에서 난관에 봉착하는 원인은 기술을 복합적으로 구성하고 있는 개별 요소들을 따로따로 분리해 습득하지 못하는 데서 기인한다.(이전에 공을 칠 때 이 기술을 구성하고 있는 여러 요소를 나누고 분리해 더 쉽게 공을 치는 법을 배울 수 있는 방법에 대해 얘기했다.) 많은 교사와 코치들은 공을 치는 것이 그저 지시를 따르면 되는 것으로 생각해 특정 지시만 되풀이하지만 이는 문제를 더 복잡하게 만든다. 공을 치는 데 실제로 어떤 배움이 필요한지 잘 알지 못하는 것이다.

움직임 자각 kinesthetic awareness I

감각 인식과 인식한 정보에 맞추어 몸의 움직임을 조절하는 능력만이 활동을 구성하는 요소는 아니다. 유리잔에 손을 뻗는 사례로 얘기를 이어가보자. 인공적으로 팔을 30센티미터쯤 길게 만들어주는 도구의 도움을 빌어 유리잔을 집는 모습을 상상해보라. 당신이 아직 이 도구를 사용하는 데 익숙치 않기 때문에 새로운 도구를 사용해 자신의 움직임을 조절하려면 처음엔 유리잔과 손이 닿는 순간을 유심히 관찰해야 한다. 하지만 몇 분 뒤 이 도구를 사용하는데 익숙해지면 당신은 인공 팔에 대해 별로 생각하지 않게 될 것이다. 인공 팔이 몸의 일부가 되어 적응을 마친 것이다.

새로운 운동을 하거나 손에 익지 않은 악기를 연주할 때 우리는 '느낌'으로 인식한다. 악기나 운동기구가 자신의 일부처럼 느껴질 때까지 만지작거려보기도 한다. 이와 마찬가지로 팔을 덜 긴장시키며 익숙한 피아노곡을 연주해보거나 오른손잡이인데 왼손으로 테니스 라켓을 휘둘러보는 식으로 기술이나 방식을 바꾸어보면 자신의 몸을 사용하는 방식을 낯설게 경험해볼 수 있다.

사실 테니스 초보자들은 대개 이러한 문제에 걸려 있다. 라켓의 길이나 사용법에 대한 감각이 명료하지 않은 상태로 사용하기 때문에 공을 제대로 맞추지 못하는 것이다. 그 상태로 스트로크를 '잘하려 애쓰는 것'은 라켓을 하나의 도구로 충분히 실험해보거나 라켓과 공의 관계에 대해 적절히 이해하는 과정을 방해할 뿐이다. 이런 이유로 몇 년간 테니스를 배웠다는 사람도 여전히 백핸드가 어색하거나 네트 앞의 단순한 발리볼도 잘 치지 못하는 경우가 많다. 이 문제를 해결하려면 그들은 '잘하기'에 대한 모든 관념을 내던져버리고, 라켓을 하나의 도구로 실험해보면서 라켓이 어떻게 기능하는지 배울 필요가 있다.

어떤 맥락에서는 대상을 잘 느끼지만 다른 맥락에서는 그렇지 못한 경우도 있다. 테니스의 경우 사람들은 대개 포핸드는 잘 치지만 네트 근처에서 백핸드 발리를 할 땐 라켓과의 연결을 잃어 볼을 잘못 치는 실수를 반복한다. 이 경우는 한 측면에서만 라켓을 사용하는 정확한 감을 갖고 있는 것이라고 할 수 있다. 포핸드를 칠 때 무엇을 '해야' 하는지에 대한 감을 갖고 있기 때문에 자신의 문제가 네트에서 발리를 제대로 '하지' 못하는 것에 있다고 생각하고 계속 시도해보지만 별로 나아지지 않는다. 이 문제를 풀려면 일단 공을 치려 애쓰는 것을 멈추고 이전에 라켓을 한 번도 사용해보지 않은 것처럼 실험하면서 발리 때 라켓이 어떻게 기능하는지에 대한 감을 익혀야 한다.

이렇게 도구를 자기 팔다리의 연장으로 느낄 수 있는 능력은 기술을 배울 때 필요한 또 다른 수용적인 요소, 즉 신체의 움직임을 근육에서 자각하는 것이다.[5] 테니스공을 치려면 우리는 라켓의 길이나 라켓의 머리가 어디를 향하는지에 대한 감을 갖고 있어야 한다. 그리고 정확한 위치에 공을 맞추고, 라켓이 공에 어떤 각도로 향하고 있는지 판단하는 데 이 감각을 활용해야 한다.

이런 신체-운동 감각은 라켓이나 도구를 사용하는 데만 필요한 것이 아니다. 육상 트랙의 코너를 돌 때 우리는 발과 발목, 다리에 전달되는 하중을 느끼며 몸을 기울인다. 코트 대각선 방향으로 공을 보내려고 할 때는 공이 라켓의 어느 부분에 닿는지를 '느껴' 순간적으로 방향을 판단하고 스윙을 조절한다. 사실 이 감각은 매우 복잡한 과정을 거쳐 인식되고 적용되는 거지만 대부분 무의식적 수준에서 일어난다. 야구선수가 점프해서 간신히 공을 잡거나 수영선수가 공중에서 세 번 회전해 다이빙할 때 그들은 이 감각을 좀 더 의식적인 차원에서 활용하는 것이다.

오랜 연습을 통해 이 운동 감각 정보를 즉각 활용할 수 있게 되면 강속구나 강서브에도 즉각 스윙을 조절해 대응하는 높은 수준의 기술을 구사할 수 있게 된다. 자신의 몸이 무엇을 하고 있는지 알려주어 움직임을 조절하고 바로잡을 수 있게 해주는 이 내적인 감각 피드백을 다른 사람들보다 좀 더 잘 사용할 수 있는 능력은 평범한 운동선수와 뛰어난 운동선수를 가르는 기준이 된다.

움직임 자각 II

지금까지 우리는 기술이 단지 움직임만이 아니라, 인식의 조정을 필요로 한다는 것을 살펴보았다. 다시 말해 숙련된 기술은 동작만 잘한다고 되는 것이 아니라, 환경에서 받아들이는 외부 정보를 민감하게 인식하는 능력도 필요로 한다는 것이다. 하지만 우리는 어떻게 인식을 조절하는 것일까? 예를 들어 공을 보고 움직이며, 공의 궤적에 맞게 팔 동작을 조정할 때 이 움직임은 어떻게 제어되는 것인가? 팔에게 무엇을 할지 어떻게 얘기하는 것일까?

우리는 몸의 결합조직, 즉 근감각을 통해 정보를 받아 팔의 움직임을 제어한다. 침대 위에 매달린 장난감을 잡으려 애쓰는 아이의 행동을 관찰해보라. 아기는 밝은 색채의 물체를 보고는 호기심이 발동해 대상을 향해 주의를 쏟는다. 그리고는 팔을 흔들며 물체를 쥐고 싶어 한다. 하지만 팔의 움직임을 제어하는 능력이 부족해 팔이 제멋대로 움직인다. 심지어 물체에 손이 닿아도 아직은 손과 물체의 접촉을 유지할 수 있는 방식으로 팔의 움직임을 조절하지 못한다. 요컨대 아기는 사물의 위치를 파악해 손을 뻗을 수 있는 충분한 인식 피드백을 받고 있음에도 아직 팔의 움직임을 제어하지 못하는 것이다. 하지만 움직임을 통해 아기는 지금 자신이 무엇을 하고 있는지에 대한 피드백을 얻고 있다. 아기는 근육과 관절로부터 반복적으로 피드백을 받아 자신이 원하는 것에 가장 근접한 행동을 선택함으로써 움직임에 대한 제어력을 길러갈 것이다.

움직임이 근육의 수축으로 일어난다는 개념은 복합적인 감각 피드백이 능숙한 동작을 가능하게 하는 데 대한 충분한 설명이 되지 않는다. 움직임은 우리가 받는 지속적인 피드백과 결부되어 있다. 이러한 피드백이 없으면 우리는 기본적인 조절 능력을 잃어 불안정하고 비효율적으로 움직이게 된다. 말하기, 물체 집기, 걷기 같은 모든 행동을 배우는 데는 수많은 시도와 행위뿐 아니라 주변 환경과 자기 자신에 대한 풍부한 인식적 피드백이 필요하다.

우리가 무언가를 할 때 신경계는 순간순간 근육으로부터 피드백을 받아 부드럽고 정확하게 움직이려면 근육을 얼마나 수축시켜야 할지 매순간 조절할 수 있도록 설계되어 있다. 그래서 아이가 새로운 행동을 학습하는 전체 과정을 짧게 요약하자면, 근육과 신경으로부터 과도한 피드백을 받지 않아도 쉽게 움직임을 조절할 수 있어, 익숙한 행위를 습관적으로 해낼 수 있을 때까지 계속 무언가를 시도하고, 이 과정에서 받는 피드백을 통해 행동을 가다듬는 것이라고 할 수 있겠다.[6]

모든 능숙한 활동에는 노력한다는 느낌이 들어 있다. 근육은 힘을 쓰는 형태로 기능하는데, 자신이 얼마나 많은 힘을 쓰는지 인식하지 못하면 근육을 움직이는 방식을 가다듬고 개선할 수 없다. 그래서 근육으로부터 받는 피드백은 근육을 적절히 제어하는 데 필수 요소다. 근육에서 받는 피드백은 도구를 다루고, 피아노를 연주하며, 노래를 부를 때 우리가 쏟는 노력을 지속적으로 조정할 수 있게 해준다. 우리는 힘이 들어가는 느낌을 활용해 무언가를 정교하게 하는 법을 배우는 것이다. 이 감각을 잃어버리면 근육이 아무리 강하고 완벽하게 기능해도 근육을 제어할 수 없게 된다.[7] 물건을 집고, 전화기를 들고, 책을 쥐는 등 모든 의도적인 행위에는 이 느낌이 바탕에 깔려 있다. 다시 말해 우리가 의도적으로 하는 움직임조차도 근본적으로는 수용적인 요소에 기초하고 있는 것이다.

뭔가 새로운 것을 배울 때는 그것이 낯설고 이상하게 느껴진다. 하지만 반복해서 충분히 경험하여 감을 잡게 되면 나중엔 우리가 하는 동작이 '옳게' 느껴진다. 이를 '근육 기억' 또는 몸이 기억한다고 말하는데, 이런 기억이 일상에서 우리가 하는 모든 일, 학습한 기술과 행위의 기반이 되어준다. 어떤 활동에 숙달될 때마다 우리는 어떤 감을 갖게 되고, 이는 그 활동을 부드럽게 수행할 수 있게 해준다. '감'이라는 것은 우리 몸에서 전달받는 놀라울 만큼 다양한 감각들과 피드백에 기초해 형성된 광대한 학습의 복합체다. 여기서 말하고자 하는 핵심은, 우리는 자신이 무엇을 하고 있는지 '느낌'으로써 무언가를 '하는' 법을 배운다는 점이다. 다시 말해 행함으로써 자신이 무엇을 하는지에 대한 정보를 얻고, 그것은 다시 나의 행동 방식을 향상시켜준다.

하지만 어떤 활동을 할 때 우리가 밀접하게 의존하고 있는 이 '감' 또는 '맞다'는 느낌은 우리를 현혹시키기도 한다. 앞서 보았듯이 (나를 포함해) 노래를 배우는 많은 학생들이 노래하기에 잘못된 발성 방식을 결부시켜, 본인은 노래를 잘 하는 것 같다고 느끼지만 사실은 서투르게 하는 경우가 많다. 그들이 노래하는 법을 제대로 배우려면 노래 부르기와 관련이 없는 일처럼 느껴지는 낯선 무언가를 해야 한다.

나중에 더 살펴보겠지만 운동이나 기술을 배우는 학생들

가운데 몸이 최적의 상태로 기능하는 것을 방해하는 해로운 습관을 가지고 있는 이들이 많다. 이 경우 그들에게 '옳다고' 느껴지는 느낌은 사실 그릇된 것이다. 그래서 더 효율적인 방식으로 기술을 수행하려면 자발적으로 낯설고 익숙하지 않은 활동을 해볼 필요가 있다. 이 때 자신의 해로운 습관을 알아차릴 때 말고는 근감각에 의존하지 않아야 한다. 익숙한 감각에 의존하지 않으면 더 높은 수준의 자각에 이르게 되어 기술수행을 방해하는 해로운 습관을 제거하는 데 근감각을 활용할 수 있게 된다.

움직임을 조율하는 생각

이번엔 피아노를 치는 상황을 살펴보도록 하자. 피아노 건반은 정지되어 있는 물체다. 기술적인 면에서만 보자면 피아노 연주의 목표는 건반들을 잇달아 빠르게 누르는 것이라고할 수 있다. 어려운 악절을 연주할 때 음계를 아주 느린 속도로 따로따로 연주한다면 여러 음계를 잇달아 누르는 건 테이블에 놓인 유리잔에 손을 뻗는 것만큼 쉬운 일일 것이다. 한 번에 하나의 음을 연주하는 데 어려울 것이 뭐가 있겠는가. 하지만 복잡한 악절을 빠르게 연주하는 것은 손가락을 매우 빠르고 정확하게 움직여야 하기에 상당한 수준의 테크닉을 요구한다.

그러나 이런 기술을 수행할 수 있게 만드는 것은 단순한 손

재주가 아니다. 앞서 살펴보았듯이 팔과 손의 움직임을 조절
하면서 움직이는 물체를 잡을 수 있게 하는 것은 사물에 대한
인식이다. 하지만 피아노 연주의 경우에는 우리 앞에 잡거나
쳐야 하는 하나의 물체가 아니라, 움직이지는 않지만 복잡한
순서대로 눌러야 하는 정지된 많은 수의 물체가 놓여 있다.

그렇다면 이 모든 건반들을 순차적으로 빠르게 연주할 수
있도록 해주는 건 뭘까? 그건 내 앞에 놓인 작업을 명료히 이
해하는 것, 즉 내가 무엇을 하고자 하는지 아는 것이다. 악보
가 어떤 음계들로 구성되어 있는지 모른다면 복잡한 악절을
어떻게 연주할 수 있겠는가? 특정 음계들이 연주될 정확한 순
서들을 '알아야' 피아노를 연주할 수 있다. 다시 말해 우리가
피아노를 연주할 수 있게 해주는 것은 이 활동을 내가 어떻게
하고 싶은지 알고, 생각하는 과정인 것이다.

컴퓨터 키보드 치는 법을 배울 때도 처음엔 각 키의 위치
를 인식하고 하나하나 치지만 익숙해지면 자판을 일일이 확
인하지 않아도 손가락이 저절로 적절한 자판을 누를 수 있게
된다. 글자판의 위치를 기억하고, 원하는 자판을 누를 때 손가
락 움직임을 조율하는 법을 익혔기에, 이젠 쓰고 싶은 내용만
정확히 생각하면 빠르고 효율적으로 자판을 칠 수 있다. 능숙
해지기 전에는 키보드를 보면서 타이핑 과정을 거들 수도 있
겠지만 숙달되면 이것도 더 이상 필요치 않다. 우리가 쓰고자
하는 말에 따라 손가락이 저절로 움직이기 때문이다. 이 때
손가락 움직임을 조율하는 것은 손재주나 뛰어난 운동 능력

이 아니라 키보드의 위치와 우리가 타이핑하려는 말에 대한 '정확한 인식'이다.

이처럼 키보드 같은 도구를 사용할 때 생각이 손가락의 움직임을 조율한다는 것이 분명한데도 음악교육에서는 이 부분에 대한 교육이 이상하리만큼 결여되어 있다. 정지한 물건으로 손을 뻗는 경우 과제는 물체의 위치에 맞추어 팔의 움직임을 조정하는 것이었다. 물체를 움직이게 하면 이 동작은 좀 더 까다로워져 눈과 손의 복합적인 협응이 필요하게 된다. 피아노 건반은 움직이지 않지만 피아노를 연주하는 것이 어려운 이유는 손가락을 한 건반에서 다른 건반으로 빠르게 움직여야 하기 때문이다.

이 복합적인 행위가 뛰어난 손재주를 요하기 때문에 사람들은 대개 피아노를 연주할 때 신체적인 능력이 중요하다고 생각한다. 그래서 어떤 음계를 연주해야 하는지 제대로 알기도 전에 손의 힘을 강화하고, 손가락을 빠르게 놀리기 위해 애쓴다. 하지만 피아노를 연주하려면 먼저 어떤 건반을 눌러야 하는지에 대한 앎이 선행되어야 한다. 여기서의 과제는 단지 빠른 손놀림이 아니라, 어떤 일을 해야 하는지를 알고 이 목적에 부합하도록 손의 움직임을 조율하는 것이다. 피아노를 연주하는 일이 수용적이기보다는 능동적인 신체 활동을 요구하는 것처럼 보일 수 있다. 하지만 어떤 음계를 연주할지 '아는 것'은 단순히 무언가를 하려고 시도하는 것보다 우선 자신이 무엇을 하려고 하는지를 명료하게 인식하는 것을 요구하기에 수용적인 행위라고 할 수 있다.

나는 이것을 기술의 구성 요소로서 '생각하기'라고 불러왔다. 인식, 주의, 움직임처럼 지금까지 우리가 살펴본 각각의 요소들도 사실은 모두 생각의 한 양태다. 피아노를 연주하는 경우 '생각하기'란 자신이 연주하고자 하는 곡에 대한 개념이나 이미지 등 정신적인 상징 체계를 떠올리는 방식의 생각을 의미한다. 타자가 공을 치기 전에 관찰하는 법을 배울 필요가 있듯이, 음악가도 제대로 해내고자 애써 손가락을 움직이기 전에 자신이 무엇을 하고자 하는지 명료하게 생각하는 과정을 우선시해야 한다. 행위하기 전에 생각하는 과정은 어떤 소리를 내야 하고 어떤 소리를 듣고 싶은지, 그리고 자신이 무엇을 하고자 하는지에 대한 명료한 개념을 형성할 수 있게 해준다. 많은 음악가들이 악기와 거리를 두고 있을 때 가장 음악적인 사고와 영감에 젖는 것도 이 때문이다.

이는 또한 작곡하는 사람들이 대개 자신이 쓴 곡을 연주할 수 있는 이유도 설명해준다. 훌륭한 작곡가가 동시에 뛰어난 연주자이기도 한 것이 우연의 일치만은 아니다. 작곡하는 이들은 연주보다도 음악 그 자체에 대해 생각하며, 무엇을 연주하고자 하는지 그리고 이 연주가 어떤 소리를 내야 하는지 명료히 인식해야 한다. 보통 우리는 자신이 명료하게 상상할 수 있는 것, 인식한 것만을 행할 수 있다. 그래서 기술적인 훈련을 받지 않았거나 별 재주가 없는 음악가도 자신이 생각해온 악절은 쉽게 연주한다. 자신의 음악을 연주하는 음악가들에게 기술적인 문제란 별로 없는 것이다.

또 어떤 음계를 연주할지에 대한 지식이 몇 단계의 발달 과정을 거친다는 점을 유념해야 한다. 시작 단계에서 연주자는 어떤 손가락으로 어떤 음계를, 어떤 리듬으로 연주해야 할지 정확히 알아야 한다. 이 부분을 배우고 나면 곡을 기술적으로 연주하는 능력은 제2의 천성이 된다. 그러고 나면 곡을 연주하는 과정은 당신이 연주할 곡이 어떻게 들리기를 원하는지를 생각하는 과정이 된다. 이 단계에서는 특정 음계를 연주하겠다는 욕망이 아니라 순수하게 상징적인 차원에서 청각 또는 음악적 개념으로 곡의 의도에 대해 생각하는 것이 연주를 좌우한다. 이것을 다른 말로는 '음악 해석'이라 부른다. 어떤 음계를 연주할지가 아니라 어떤 소리를 표현하고 싶은지를 생각하는 것이다. 이제 당신은 '귀'로 연주를 조율한다.(이보다는 덜하지만 타이핑에서도 이런 과정이 적용된다. 처음에는 글자와 단어가 손가락의 움직임을 조율했지만 나중엔 더 이상 특정 철자나 단어에 더 이상 신경 쓰지 않고 그저 자신의 생각에만 주의를 기울이게 된다. 손은 어떤 키를 두드려야 할지 '이미 알고' 있다. 하지만 이 과정은 악기를 연주하는 것만큼 복잡하지 않다. 음악에서는 감정과 예술적인 관념들, 즉 '무엇'이 아닌 '어떻게'가 퍼포먼스를 좌우하기 때문이다.)

또한 자신이 무엇을 하고자 하는지를 명료하게 아는 것은 동작을 '제어하는' 것이 아니라 '지시하는' 역할을 하는데, 이 둘은 서로 다른 별개의 것이다. 예를 들어 대부분의 골퍼들은 어려운 퍼팅을 할 때 공을 치기 전에 신중히 자신이 무엇을 하길 원하는지, 그리고 그 퍼팅이 어떻게 이루어질지 마음속으로 그려본다고 말한다.[8] 이런 '정신적 예행 연습'은 기술 수행을 돕는 심상화의 한 방식인데, 이는 피아노에서 어떤 음계를 연주할지 개념화하는 것과는 다른 것이다. 피아노의 경우 음계를 명료하게 인식해야만 연주를 잘 해낼 수 있다. 반면 퍼팅의 경우 정신적인 예행 연습은 골퍼가 이미 성공적으로 수행할 수 있는 수행 능력을 거들 뿐이다. 하지만 두 경우 모두 생각이 기술 수행을 돕고, 기술을 개념 수준에서 인식하는 것이 움직임을 조절하는 역할을 한다는 것을 잘 설명해준다.

3장
긴장의 문제

악기를 배울 때의 목표는 그저 단기간에
최고의 성과를 내는 것이 아니라 일생 동안 그 악기를
잘 사용할 수 있는 원리를 터득하는 데 있다.
학생에게 이런 원리를 전달하지 못한다면
그건 부적절한 교육일 뿐이다.

지금까지 기술을 구성하는 몇 가지 기본 요소에 대해 이야
기했다. 우선 학습자가 새로운 것을 배울 때 빠지기 쉬운 함
정을 피할 수 있도록 기술에 지성적인 방식으로 접근하는 원
리들을 살펴보고, 이어서 기술을 구성하는 몇 가지 요소들도
살펴보았다.

앞서 보았듯이 기술은 의도적인 행위(예를 들어 야구방망이
를 휘두르는 것)뿐 아니라 다양한 자동반응적, 수용적 요소(공
을 칠 때의 기본자세와 공 보는 법을 배우는 것)와도 결합되어 있
다. 그러나 초심자가 기술을 배울 때는 흔히 목표에 이르려는
욕망이 앞서 기술의 의도적인 요소에만 신경 쓰느라 온전한
기술 수행에 필요한 다른 중요한 요소들을 놓치곤 한다.

이제는 이와 다른 측면, 즉 기술 수행에서 자신self이 어떤 역

할을 하는지 살펴보도록 하자. 아마 너무 빠르기 때문인지 그동안 거의 언급되지 않았지만 이제는 사람들이 기술에서 몸이 하는 역할의 중요성을 이해하기 시작했다. 대부분 기술을 배우는 과정은 연습을 반복하여 특정 동작을 할 수 있도록 신체의 제어력을 향상시키는 데 초점을 두고 있다. 이렇게 몸이 반복훈련을 필요로 하고 명령을 받아야만 움직인다는 관념은 인체가 대체로 의식적으로 기능하며, 특정 근육과 동작을 훈련하면 이 수의적 기능을 더 잘 제어할 수 있다는 믿음에 기초해 있다.

하지만 근육계를 포함해 신체의 대부분은 무의식적으로 기능한다. 그래서 단지 근육 훈련을 통해 몸을 제어하려는 시도는 무의식적인 습관과 이 습관이 기술 수행에 미치는 해로운 영향을 다루지 않는다. 중요한 것은 이 무의식적 습관들이 자신을 의식적으로 제어하는 능력을 방해한다는 것이다. 하지만 몸의 습관을 바꾸고 어떤 활동을 할 때 몸이 무엇을 하는지를 신체 감각으로 인식할 수 있는 능력을 계발함으로써 이 습관들을 의식 차원으로 끌어올릴 수 있다. 이를 통해 우리는 더 높은 수준에서 기술을 수행할 수 있는 능력을 갖추게 된다.

이제는 신체 움직임 자각과 이를 기술 수행에 적용하는 문제를 살펴보며 논의를 시작해보자. 기술에 숙달되려면 피아노, 테니스 라켓, 붓 같은 특정 도구에 맞추어 고안된 기법들을 오랜 기간 신중히 갈고닦을 필요가 있다. 기술 숙달은 재능과 좋은 가르침, 바른 기법이 결합될 때 뒤따라온다. 하지만 재능 있는 사람이 바른 기법을 따르더라도 그 과정에서 지나치게 긴장한다면 성공으로 이어진다는 보장이 없다.

음역의 한계에 봉착한 학생의 사례를 살펴보자. 고음을 내려 할 때 이 학생은 턱을 치켜올리며 노래를 부른다. 이런 자세는 목과 턱 근육을 긴장시키고 숨을 씩씩거리며 등을 좁게 만드는 전체 패턴이 부분적으로 드러난 것일 뿐이다. 이런 경우 많은 교사들은 계속 노래를 부르게 하면서 이완하라고 재촉하곤 한다. 하지만 노래를 부르려 애쓸수록 머리를 더 뒤로 젖히게 되고 결국 학생도 교사도 점점 좌절에 빠지게 된다.

이 경우 문제는 학생이 자기도 모르게 노래를 방해하는 불필요한 움직임을 일으킨다는 점이다. 이것은 발성기법과는 아무 상관이 없다. 그래서 단지 기법을 향상시키려 애쓰는 것으로는 문제를 해결할 수 없다. 하지만 신체 전반의 긴장을 조절하고 줄이면 자신의 긴장을 인식하고 예방할 수 있게 되어 더 편안하고 자연스럽게 노래할 수 있게 된다. 노래를 부를 때 불필요한 긴장을 인식하고 예방하는 법을 배움으로써 문제를 극복할 수 있게 되는 것이다.

다른 예를 들어보자. 호흡이 짧아 상대적으로 짧은 악절을 부르는 것도 어려워하는 한 학생이 내게 조언을 구하러 왔다. 노래 부르는 모습을 관찰하니 원인이 분명했다. 숨을 들이마시는 데 너무 신경을 쓴 나머지 숨을 적절히 내쉬지 않았던 것이다. 그 학생은 긴 악절을 부르기 시작할 때마다 애써 가슴을 넓히며 공기를 들이마셔서 오히려 정상적인 호흡을 방해하고 있었다. 그렇게 숨을 훅 들이마시는 이유가 있냐고 물으니 그녀는 발성 훈련을 시작했을 때부터 긴 악절을 부르기 전에 늘 충분한 공기를 마시려고 애썼다고 했다. 호흡이 짧은 문제를 고치려고 최대한 숨을 들이마신 다음 이를 유지하라고 교사들이 가르쳤던 것이다. 이 습관은 숨을 많이 들이마셔야만 가수로서 성공할 수 있다는 두려움과 연결되었다. 그래서 그녀는 똑같은 방식으로 애쓰기만 했고, 이는 문제를 더 심각하게 만들어버렸다.

몸 전반의 긴장을 줄이고 숨을 자연스럽게 충분히 내쉬면서 그녀는 더 온전히 호흡하게 되었으며 애써 숨을 들이마실 필요가 없다는 것을 발견했다. 문제는 적절치 못한 방식으로 숨을 쉬면서 노래하는 데 있었지 발성기법에 있는 것이 아니었던 것이다. 근본적으로 그녀의 호흡과 발성 문제는 해로운 긴장에 뿌리를 두고 있었다. 그래서 덜 애쓰는 방식으로 노래하는 법을 배우자 호흡과 발성이 정상적으로 회복되었던 것이다.

이런 사례는 거의 모든 연주와 공연 기법이 저지르는 근본적인 오류를 보여준다. 학생들은 종종 악기를 다루는데 필요한 기술적인 연습에 하루 몇 시간씩 집중하도록 내몰린다. 만약 오랜 시간 과도하게 긴장한 채로 연습한다면 어떤 일이 벌어질까? 해로운 습관으로 말미암아 그 많은 노력이 수포로 돌아가거나 신체적인 문제가 생겨나 어떤 기법이나 기술적인 개입으로도 해결하지 못하게 될 수 있다. 이 때 부드러운 움직임을 방해하는 요소들을 제거하려면 오직 자신의 신체감각으로 이 긴장을 알아차리고 이를 예방하는 수밖에 없다.

하지만 기술을 수행하는 와중에 어떻게 이 긴장을 자각하거나 제어할 수 있단 말인가? 대개 우리는 이완하거나 자세를 조절해 긴장과 관련된 문제를 해결하려 한다. 하지만 긴장은 몸이 디자인된 대로 기능하는 것을 방해하는 우리의 움직임 패턴으로 인해 일어난다. 이를 이해하지 못하면 깊이 파고들어야 할 문제의 표면만 긁게 된다. 그러므로 우리는 움직일 때 몸이 어떻게 기능하는지 세부적으로 살펴보면서 긴장의 문제를 더 깊이 이해할 필요가 있다.

1. 긴장 패턴 이해하기

단순한 작업을 하고 있는 아이를 관찰해보면, 아이가 어른들은 어려워하는 일들을 매우 쉽게 할 수 있다는 걸 알게 될 것이다. 아이들은 몇 시간 동안 바닥에 편하게 앉아 있을 수 있다. 반면 어른들은 대개 경직되어 있어 단 몇 분도 바닥에 편안히 앉아 있을 수 있는 사람이 드물다. 아이들의 애씀 없고 부드러운 움직임과 어른들의 힘 들어가고 경직된 움직임의 차이를 무엇으로 설명할 수 있을까?

움직임에서 나타나는 긴장은 우리가 쉽게 관찰할 수 있는 패턴으로 일어난다. 누군가에게 앉은 자세에서 일어나보라고 한 뒤 그가 어떻게 움직이는지 관찰해보라. 아마도 움직이기 시작하면서 목의 근육을 긴장시켜 머리를 약간 뒤로 젖히는 모습을 관찰할 수 있을 것이다. 이 목 근육의 긴장은 어깨와 등, 다리 전반의 긴장을 유발한다. 그리고 이 긴장은 일어서는 과정에서 더욱 증폭된다.

이 긴장 패턴을 이해하는 것은 한편 이 패턴을 변화시킬 수 있는 힌트를 준다. 만약 당신이 뒷목이 늘어나도록 머리의 균형을 조절한다면 등 근육이 수축되는 것이 아니라 늘어나면서 몸통 전체가 길어질 것이다. 이렇게 목과 등 근육이 늘어나면 우리는 몸의 긴장 수준의 변화를 민감하게 감지할 수 있게 된다. 이제는 움직이려 할 때 긴장되는 것을 인식하고, 몸통의 자연스러운 길이와 지지 상태를 유지할 수 있게 될 것이다. 이런 식으로 일어서면 근육이 쓰는 힘과 몸의 긴장이 줄어 움직임의 질에 전반적인 변화가 생긴다.

움직임에서 이런 긴장 패턴을 식별해내면 우리는 다른 활동에서도 이와 똑같은 패턴을 쉽게 관찰할 수 있게 된다. 예를 들어 바닥에 떨어진 무언가를 주울 때 대부분의 사람들은 앞으로 기우는 몸통의 균형을 맞추기라도 하듯 머리를 뒤로 젖힌다. 그러면 근육이 긴장해서 어색하고 뻣뻣한 움직임이 일어난다. 이와 달리 목 근육의 긴장을 인식하고 이를 예방하기 위해서는 목과 등 근육을 긴장시키지 않고 그저 무릎을 구부려 몸을 낮추면 된다.

이 긴장 패턴은 특히 우리가 책상에 앉아 작업할 때 뚜렷이 드러난다. 사람들은 대개 컴퓨터 앞에 앉아 몸을 구부정하게 하고는 머리를 뒤로 젖혀 스크린을 바라본다. 이 구부정한 자세는 사실 몸 전체의 긴장 패턴이 가시적으로 드러난 것일 뿐이다. 이 때 숙련된 교사가 머리의 균형을 조정함으로써 목과 등 근육이 늘어나면 구부정함을 유발하던 긴장들이 명료하게 드러난다. 하지만 학생이 다시 타이핑을 시작하려는 순간 뒷목의 근육이 또 수축해 머리가 몸을 짓누르고, 이로 인해 생긴 목과 어깨의 긴장은 가슴을 위축시킬 것이다. 사실 자세의 전반적인 변화는 긴장의 증가로 인해 일어나기 때문이다.

2. 머리와 몸통의 관계

왜 대부분의 움직임이 목의 긴장을 높이면서 시작되고, 이 긴장 패턴을 예방하는데 머리와 몸통의 관계가 결정적인 역할을 할까? 누군가에게 구부정하게 의자에 앉아보라고 하면 그의 몸 전체는 아래로 무겁게 쳐질 것이다. 이 아래로 짓누르는 압박은 앉아 있는 균형을 방해하여 의자 등받이에 몸을 기대게 만든다. 이 구부정한 자세를 바로잡느라 등에 잔뜩 힘을 주고 똑바르게 앉으려 애쓸 수도 있다. 하지만 이와 달리 머리의 균형을 조절하면 자연스레 목과 등의 근육이 늘어나 몸통이 길어져서 일부러 애쓰지 않고도 중력에 저항하는 몸의 자연스런 지지 상태를 회복할 수 있다.

이런 반응이 일어나는 이유는 인체가 중력에 저항하면서 스스로를 지지하는 방식으로 설계되어 있기 때문이다. 앉거나 설 때, 직립 상태의 균형을 이루기 위해서는 인체가 불수의 근육의 활동을 유지해야 한다. 우리는 보통 이런 근육의 활동을 자각하지 못한다. 무의식적이고 자동적으로 일어나기 때문이다. 하지만 서 있는 동안 가만히 자신의 다리 근육을 느껴보기만 해도 우리가 수직으로 서 있기 위해 얼마나 많은 근육의 기능이 필요한지 쉽게 깨달을 수 있다. 보통 우리는 이 직립 자세를 쉽고 편안하게 유지할 수 있으며, 이는 우리가 다른 여러 활동을 쉽게 해낼 수 있게 하는 기반이 되어 준다. 하지만 머리를 아래로 당기거나 뒤로 젖히면 근육계가 방해를 받아 자세가 무너지고 불균형해져서 우리는 이를 보상하기 위한 노력을 해야 한다. 이와 반대로 머리와 몸통이 자연스럽게 늘어나면 근육계가 몸을 쉽고 효율적으로 지지할 수 있는 상태가 된다.[1]

이는 왜 머리와 몸의 관계가 근육계의 기능에서 중추적인 역할을 하는지 설명해준다. 척추와 이를 둘러싼 근육들은 몸의 중추적인 지지 구조를 형성한다. 그리고 이 근육들의 효율적인 기능은 머리와 척추의 역동적인 관계 안에서 유지된다.[2] 길게 늘어진 척추 위에 머리가 섬세하게 균형 잡힌 상태로 놓여 있는 어린아이의 경우는 이 신체의 작동 원리가 온전히 기능한다. 아이들은 우아하고 쉽게 움직이며 편안히 앉아 압박감이나 애씀 없이 팔을 사용한다. 하지만 우리가 컴퓨터 앞에 구부정하게 앉으면 머리와 몸통의 관계가 방해를 받아 몸의 지지를 잃게 되고, 이는 이 지지 구조에 의존하는 동작을 수행할 때 긴장을 일으키는 원인이 된다.

3. 움직임의 기본 원리

머리와 몸통의 관계는 인간의 움직임을 조직하는 기본 원리 중 하나이다. 앉거나 서 있는 아이를 관찰해보라. 비록 두 발로 균형 잡는 법을 배워야 하기는 하나 두 발 위에 몸을 지지하는 이 수직 자세는 아이의 의지와는 관계없이 거의 자동적으로 이루어진다. 아이가 어떤 근육을 사용할지 세부사항을 일일이 생각하지 않아도 중력에 대응하여 몸을 지지하는 기능(수의적 기능이 아닌)이 모두 반사작용 수준에서 일어난다. 이 직립 구조가 모든 복합적인 운동 기술의 기초라는 점은 결코 과장이 아니다. 이 시스템이 방해받지 않는 이상 우리는 평생 애씀 없이 놀랄 만큼 다양한 활동을 해낼 수 있다.[3]

이와 같은 움직임 자동 조율 시스템은 동물들에게서도 관찰된다. 고양이를 뒤집힌 상태로 떨어트리면 머리를 시작으로 몸의 위치를 바로잡으면서 바닥에 사뿐히 내려 앉는다. 달릴 때에도 머리가 움직임을 리드하며, 몸은 머리가 향하는 방향으로 늘어난다. 먹이를 잡기 위해 몸을 웅크리거나 뛰어오를 때 고양이는 자동적으로 특정한 자세나 동작을 취하는데, 이 자세나 움직임 또한 머리와 몸통의 관계에 의해 조율된다.[4]

직립 자세는 우리의 조상인 네발 동물들의 자세에 비해 훨씬 불안정하다. 어색하거나 긴장된 상태로 움직이는 고양이를 찾기란 어렵다. 높은 탁자 위로 뛰어오르거나 뛰어내려도 즉시 평온함을 회복한다. 고양이의 거의 모든 움직임은 균형과 자연스러움의 살아 있는 모델이다. 이에 비해 인간의 직립 구조는 자세가 무너지기 훨씬 쉽다. 어린아이가 의자에 앉아 있을 때 펜으로 뭔가를 써보라고 해보라. 그러면 앉기와 같은 기본적인 동작도 금세 방해 받는 상태가 되어버린다. 글을 쓰려고 하자마자 아이는 펜을 다루느라 몸을 뒤틀기 시작하고 그 결과 아이의 자세는 전반적으로 구부정해지고 긴장될 것이다. 앞에서 다루었던 조시 사례처럼 때로 이런 습관은 극단적으로 치달아, 글을 쓸 때 손과 팔의 움직임을 스스로 제어하는 것조차 어렵게 만드는 경우가 있다. 하지만 근육의 지지 구조가 다시 균형을 회복하면 아이는 구부정해지거나 어깨와 팔을 긴장시키지 않고도 앉아서 글자를 쓰거나 그림을 그릴 수 있게 된다.

이처럼 능숙한 행위는 단지 학습한 부분적인 동작으로만

이루어진 것이 아니라 이런 동작이 가능할 수 있게 배경이 되어주는 몸 전체의 움직임 패턴에 뿌리를 두고 있다. 손의 사용이 몸 전체와는 별 관계 없는 것처럼 보일 수 있지만, 피아노를 연주하는 능력조차도 근본적으로는 몸 전체 근육의 지지에 의존하고 있다. 인간이 하는 모든 행위는 직립 자세와 그 움직임을 조직하는 머리-몸통의 패턴에 기초를 두고 있기 때문이다. 이런 의미에서 피아노를 연주할 수 있는 기술은 있지만 나이가 들어 몸의 균형을 잃고 전반적인 신체 조건이 악화된 연주자는 사실 연주 기술을 잃은 것이나 다름없다. 능숙한 행위와 그 기초가 되는 직립 자세는 동전의 양면처럼 붙어 있는 것이다.

가수들이 겪는 어려움에도 이러한 움직임의 원리를 적용할 수 있다. 흔히 가수들은 자신의 발성기능을 방해하는 해로운 습관을 갖고 있다. 이 문제를 극복해보려 하루에 몇 시간씩 연습하지만 오히려 이는 긴장을 더 증가시켜 습관이 점점더 굳어진다. 하지만 직립 시스템이 회복되어 이 긴장을 알아차릴 수 있게 되면 원래 인체가 설계된 대로 호흡하고 발성할수 있게 된다. 여기서 우리가 배울 수 있는 점은 어떤 상황에서든 기술을 부드럽게 수행하는 데 필요한 열쇠는 인체의 특정 부위를 잘 제어하는 것이 아니라 움직임을 지배하는 몸의 기본 패턴을 회복하는 것이다.

4. 부분적인 기능 이상

음악가들이 긴장과 관련해 겪는 또 다른 문제인 팔다리, 어깨처럼 몸의 특정 부위에 생기는 문제를 살펴보도록 하자. 대개 음악가들은 적어도 한 번쯤은 등의 통증, 긴장과 결부된 문제로 고생을 하곤 한다. 예를 들어 어떤 바이올리니스트는 갑자기 활을 켜는 팔이 뻣뻣해지거나 심지어 부상당한 것과 비슷한 경험을 하기도 한다. 이 경우 활을 다르게 켜는 훈련이나 기법을 익히는 것은 그다지 도움이 되지 않는다. 해결책은 바이올린 연주와 결부된 긴장 패턴이라는 측면에서 문제를 살펴보는 것이다. 이 경우 문제는 신체적인 불편함으로 드러나지만 가수의 사례와 마찬가지로 그 원인은 결국 연주를 방해하는 긴장 패턴이다. 이러한 긴장을 자각하게 됨으로써 해로운 긴장 패턴을 제거할 수 있게 된다.

많은 음악가들에게 긴장은 단순히 귀찮은 것 정도의 문제가 아니다. 건염과 어깨 통증으로 음악가로서의 삶을 접은 바이올리니스트, 손과 팔에 심각한 기능 장애가 일어난 피아니스트 이야기를 흔히 접할 수 있다. 물리치료, 운동, 이완 요법, 심한 경우는 수술 등으로 근육의 통증과 염증을 치료해 증상 완화를 돕는 여러 방법들이 있다. 하지만 사실 이들이 처한 상황은 근본적으로 의료적 차원의 문제가 아니다. 팔을 잘못 사용하는 것을 스스로 인식하지 못한 채 오랜 동안 굳어진 해

로운 습관 때문에 생겨난 문제인 것이다. 그래서 이 습관들을
제거하면 보통 신체적인 문제도 사라진다.

플루트 연주가가 되길 열망하는 조안은 15살 때부터 플루
트를 배워 몇 년 뒤 대학에 장학금을 받고 들어갔는데, 2학년
쯤 되었을 때 신체적인 문제가 찾아왔다. 심한 어깨 통증에
시달렸고 호흡 조절에도 어려움이 있었다. 물리치료사와 상
담하고 이완 기술을 배운 뒤 연주를 쉬기도 했지만 문제는 대
학을 마칠 때까지 계속 이어졌다. 그녀는 결국 점액낭염 진단
을 받고 어쩌면 플루트 연주를 포기해야 할지도 모른다고 경
고한 의사의 관리를 받게 되었다.

처음 조안과 작업하며 플루트 연주를 해보라고 부탁했던
바로 그 순간, 나는 조안이 그간 플루트를 받친 자세로 지나
치게 긴장한 채 호흡하는 습관이 있음을 알 수 있었다. 이 습
관은 힘이 잔뜩 들어간 어깨와 과장된 호흡 방식에서 명료히
드러났다. 하지만 이 부분적인 긴장은 사실 연주하는 동안 뻣
뻣한 자세로 선 채 플루트를 받치느라 몸을 뒤로 젖혀 다리
전체에 힘을 주고 목과 몸 전체를 긴장시키는 더 큰 긴장 패
턴의 일부일 뿐이었다. 이 긴장들을 인식하고 줄임으로써 조
안은 신체의 자연스러운 협응 상태를 회복하여 훨씬 더 편안
하게 플루트를 받치고 숨쉴 수 있게 되었다.

이 사례는 악기를 연습하는 과정에서 조안이 빠트린 게 무
엇인지 말해준다. 열의를 갖고 있었기에 조안은 늘 이상적인
학생으로 여겨졌다. 다른 학생들보다 더 오래 연습하고, 더 열

심히 노력했으며 빠른 속도로 발전했다. 하지만 가끔 교사한 테서 자세와 호흡법에 주의를 기울이라는 지시를 받았을 뿐, 자신이 '어떻게' 연주하고 있는지는 인식하지 못한 채 시간이 흐르면서 여러 가지 해로운 습관들이 몸에 배었다. 기술적으로 뛰어난 음악가가 될 수 있는 가능성을 열어준 열의라는 장점이 잘못된 자세와 결부되어 그녀를 거의 불구에 이르게 한 것이다.

이 사례는 팔다리나 몸의 부분적인 기능 이상과 관련된 중요한 원리를 보여준다. 만성적인 등과 어깨의 긴장으로 고생할 때 대부분의 음악가들은 이완이나 운동으로 증상을 바로잡으려는 방식으로 문제에 접근하곤 한다. 하지만 부분적인 증상은 사실 몸 전체의 긴장 패턴의 일부일 뿐이다. 그러므로 이 문제를 해결하기 위해서는 몸 전체의 움직임을 살피면서 연주할 때 몸을 사용하는 방식을 관찰할 필요가 있다. 조안이 문제를 해결하려면 몸에 밴 해로운 습관들을 해체하고un-learn 더 조화로운 방식으로 연주할 수 있도록 플루트 연주 기법을 완전히 다시 배워야re-learn 할 필요가 있었다.

그러니 어떤 면에서 조안의 문제는 신체적인 문제가 아니었다. 몸을 불필요하게 긴장시키는 방식으로 연주하는 습관 때문에 생겨난 증상이었기 때문이다. 이 해로운 습관은 악기를 연주하는 기법과도 관계가 없었다. 조안은 처음 악기를 배울 때부터 몸 전체의 해로운 움직임 패턴을 예방했어야 했다. 그래야 자신의 행위를 더 잘 자각하고 제어할 수 있기 때문이다. 처음부터 이렇게 배웠더라면 신체 증상의 근본 원인을 사전에 예방할 수 있었을 뿐만 아니라 연주 실력도 더 좋아졌을 것이다.

5. 이완의 문제

이제는 근육의 긴장과, 이 긴장을 어떻게 줄일 수 있는지 탐구해보도록 하자. 정도는 다르지만 음악가들은 대부분 근육의 긴장으로 고생하며 여러 가지 방법으로 특정 근육을 스트레칭하거나 이완시키려 애쓴다. 이 접근법이 당연하고 합리적인 것처럼 보이지만, 사실 올바른 해결책이 아니다. 특정 근육은 몸 전체의 복합적인 체계의 일부분이기 때문에 늘 전체 맥락 속에서 다루어져야 한다. 특정한 부분만을 이완하려는 노력은 실패로 이어지게 되어 있다.

만성적인 허리 통증으로 내게 도움을 청하러 온 피아니스트의 사례로 이를 설명해보도록 하자. 그는 허리의 긴장을 줄이려고 이완법이나 앉아 있는 자세의 균형을 조절하는 법을 배웠지만 문제는 더 심각해지기만 했다. 그가 피아노에 앉아 있는 모습을 관찰한 뒤 나는 그가 앉아 있을 때 균형을 유지하려고 과도하게 등 근육을 긴장시키고 있다는 점을 지적했다. 앉은 자세의 균형을 조절해 등의 근육을 이완시키자 그는 살짝 구부정하게 앉게 되었고 이 자세는 일시적으로 허리의 긴장을 감소시켰다. 하지만 이 방법은 똑바로 앉으려 할 때마다 몸을 지탱하기 위해 전보다 더 근육을 경직시켜야 했기 때문에 근본적인 해결책이 아니었다. 그동안 몸 전체 근육의 정상적인 기능을 방해하는 해로운 긴장 패턴이 만들어져 있었다. 근육의 전반적인 긴장 상태를 풀고 지지 구조가 회복되도록 돕자 그는 더 편안하게 앉아 스스로를 지지할 수 있게 되었다.

우리는 몸의 특정 부위의 긴장으로 고생할 때 그 근육군을 이완시키면 문제를 해결할 수 있다고 생각하기 쉽다. 하지만 신체의 근육 체계는 서로 연결된 전체로서 기능하며, 이 체계 전체가 균형 상태에 있을 때만 특정 근육들 또한 적절한 수준의 긴장을 유지할 수 있다. 피아니스트는 허리 근육을 이완하려 했으나 오히려 몸 전체의 지지 구조를 방해했을 뿐이고, 그 결과 다시 곧게 앉으려 할 땐 허리 근육을 더 긴장시켜야만 했다. 그런데 몸 전체의 조화로운 지지 구조를 회복한 결과 자연스레 등 근육이 이완되었고, 허리 근육도 적절한 긴장 상태로 돌아갈 수 있었다.

특정 부위 근육들은 몸 전체의 맥락 속에서 적절히 기능하므로, 이완의 핵심은 몸 전체가 어떻게 기능하는지를 이해하는 것이다. 이완 개념은 대개 긴장된 근육은 느슨해질 필요가 있다는 오해에 기초해 있다. 그러나 이 개념은 근육이 골격 구조 전체를 지지하고 움직이는 방식으로 기능한다는 것을 염두에 두지 않는다. 몸 전체가 어떻게 기능하도록 설계되어 있는지 이해하지 못한다면 각 근육들이 어떻게 수축하고 이완되어야 하는지 바르게 이해할 수 없다. 이완의 핵심은 특정 부위의 긴장을 줄이는 게 아니라 근육 체계 전체가 어떻게 협응을 이루는지를 이해하는 데 있다.

6. 몸과 마음의 이분법

위의 사례들은 악기 연주와 공연 기술 전반에 자리 잡은 근본적인 오류를 보여준다. 음악가들이 때로 자세와 호흡에 주의를 기울이라고 교육을 받긴 하지만 대부분 이런 측면은 기법을 익히는 것에 비해 중요하게 여겨지지 않는다. 그러다 몸에 문제가 생기기 시작하면 음악가들은 이를 별개의 의료적인 문제로 치부해버린다. 하지만 긴장과 연관된 문제들은 음악가들이 연주를 어떻게 하느냐와 직접적으로 관련되어 있다. 따라서 이 문제는 연주에 대한 기술적 접근 방식과 분리될 수 없다.

악기 다루는 기술과 이 기술을 수행할 때 자기 자신을 바르게 사용하는 능력은 서로 연결된 문제라고 할 수 있다. 악기를 연주하고 몸을 사용하는 것 모두가 결국 나로부터 출발하기 때문이다. 그래서 제대로 된 연주 기법은 건강에 좋은 접근 방식과 일치해야만 한다. 하지만 이런 방식으로 음악에 접근하는 음악가는 흔치 않다. 그들은 기량을 높이고자 연습하고 또 연습하지만 이 과정에서 건강과 신체의 전반적인 조절 능력을 잃어버린다. 문제가 발생하면 그들은 진통제를 먹거나 고통을 완화하기 위한 치료를 받는다. 하지만 이런 접근 방식은 결국 실패로 이어지게 되어 있다. 만약 지성적으로 연습한다면 연주는 긴장으로부터 자유로운 활동이어야 한다. 그러니 신체적인 문제가 발생할 때 음악가는 단순히 몸의 이상을 치유하는 방식이 아니라 악기에 더 지성적으로 접근하는 법을 찾아야만 하는 것이다.

기술과 신체 협응의 그릇된 이분법은 거칠게 말하면 몸과 마음의 이분법을 반영하는 것이기도 하다. 신체적 증상은 몸의 영역에서 일어나는 것으로 분류되고, 기술적인 문제는 정신 영역의 문제로 인식하는 것이다.(뒤에서 살펴보겠지만 음악 기술과 해석의 이분법도 있다. 음악의 해석과 관련된 측면은 영적이며 지성적인 더 높은 차원의 것으로 예우를 받지만 기술적 측면은 그저 신체적인 노동으로만 여겨지곤 한다.) 이 이분법은 인체가 어떻게 기능하는지, 몸을 어떻게 적절히 돌볼 수 있는지에 대한 우리의 전반적인 무지와 인식 부족을 반영한다. 문제가 생기면 우리는 다시 편안해질 수 있게 그저 이 문제를 빨리 고치고 싶어 할 뿐이다. 하지만 신체적인 문제는 악기를 연주하는 방식이나 삶 전반에서 무언가 잘못된 점이 있다는 잠재적인 신호로 받아들여야 한다. 어떤 기술이든 온전한 배움은 전문 기술의 숙달뿐만 아니라 그 도구를 다루는 자신의 습관에 대한 앎과 자각의 증진으로 이어져야만 한다. 이를 위해서는 배움에서 가장 일차적인 도구인 신체를 존중하는 법을 배울 필요가 있다.

7. 자신을 돌보기

전혀 애쓰지 않고, 몸의 긴장에서도 완전히 자유로운 상태로 연주하는 사람을 볼 때가 있다. 그러나 이런 이들도 세월이 흐르면서 몸 상태가 나빠지기도 한다. 자신의 바람직한 모습을 잃지 않기 위해 자신의 신체 요소에 대한 의식적인 제어 능력을 갖는 것이 중요하다. 그렇지 않으면 자칫 해로운 습관에 젖어들어 우리의 가장 소중한 도구인 자신을 위태로운 상태에 빠트리게 된다.

어떤 악기를 사용하든 음악가가 다루어야 할 궁극적인 도구는 바로 자기 자신이라는 얘기를 들어본 적이 있을 것이다. 자신의 몸이 곧 악기인 가수들은 특히 이를 잘 자각하고 있다. 그러나 이 도구를 제대로 돌보거나, 그 기능과 사용법에 대해 온전히 이해하고 있는 이들이 얼마나 될까. 우리는 이론적으로는 자신을 잘 돌봐야 한다는 것을 받아들이지만 나이가 지긋할 때까지 최적의 신체 상태를 유지한다는 관점에서는 좀처럼 생각하지 않는다. 궁극적으로 기술은 균형 잡히고 절도 있는 삶의 방식과 일치해야 한다. 악기를 배울 때의 목표는 그저 단기간에 최고의 성과를 내는 것이 아니라 일생 동안 그 악기를 잘 사용할 수 있는 원리를 터득하는 데 있다. 이떤 기술에서건 학생에게 이런 원리를 전달하지 못한다면 그건 부적절한 교육일 뿐이다.

4장

긴장과 수행불안

악기를 연주하거나 운동을 한다는 것은 단순히
어떤 동작을 익히거나 음계를 연주하는 법을 배우는 것이 아니다.
이는 자신의 부적절한 반응과 감정, 태도에서 자유로워지는 법,
다시 말해 자기 자신의 여러 모습들을 배우는 것이며,
또한 가치와 전통, 아름다움에 대한 철학을 담고 있는
어떤 기예를 갈고닦는 것이기도 하다. 이를 위해서는
훈련에 적절한 태도를 계발해야 한다.

우리가 무언가를 할 때 습관과 반응이 어떤 역할을 하는지 살펴보기 전에 우선 수행불안이라는 문제를 살펴보도록 하자. 수행불안은 보통 '무대 공포'라고 불리기도 하는데, 사실 대부분의 사람들이 이 문제를 겪고 있으며, 많은 공연자들은 이를 그저 삶의 일부로 여기기도 한다.

지난 백여 년간 발달해온 심리학과 거의 수천 년 이어져온 교육의 역사에서 수행불안은 실제적인 문제로 인식되어왔다. 하지만 이를 다루는 데 이완 기법을 사용한다거나, 불안 뒤에 숨은 심리를 살펴보는 테라피 외에 별다른 진전이 없었다는 것은 참 놀라운 일이다. 사실 인간은 신경증적인 경향성에도 불구하고 자각과 제어 능력을 계발할 수 있는 놀라운 잠재력을 가지고 태어났다. 그런데 왜 우리는 수행불안을 그저 삶의 일부로 받아들여야만 하는 것일까? 긴장과 그것을 제어하는 방법을 제대로 알게 되면 우리는 자각을 증진시키고 어떤 상황에서든 수행불안 없이 자신의 반응을 제어할 수 있는 힘을 얻을 수 있다.

수행불안의 모든 문제(사회적, 심리적, 임상의학적 요소)를 여기서 다 다룰 수는 없다. 그러자면 더 기술적이고 생리학적인 설명까지 필요한데, 이 책에서 이 전부를 다루는 것은 적절하지 않다. 하지만 수행불안의 일반적인 특성과 그것을 어떻게 제어할 수 있는지에 대해 얘기 나누는 것은 도움이 될 것이다. 우선, 부지불식간에 아이들에게 수행불안이라는 문제를 유발하는 교육 방법에 대한 이야기에서 시작해보자.

1. 두려움을 낳지 않는 학습 환경 만들기

아이들을 관찰해보면 학교의 압박감이 아이들의 삶에 뿌리 깊게 작용하고 있음을 쉽게 알 수 있다. 교육자 존 홀트는 『아이들은 왜 실패하는가』에서 아이들이 학교에서 받는 압박감에서 벗어나기 위해 알게 모르게 어떤 노력을 기울이는지 보여준다. 홀트는 축구를 할 때 계속 넘어지고 실수를 저지르는 한 아이를 보면서, 아이가 경기를 하는 동안 지나치게 긴장하고 있어 이를 해소하는 유일한 방법이 넘어지는 것임을 알아

챈다.[1] 수학문제를 풀어보라고 했을 때 틀린 답을 말해 바보처럼 보일까봐 교사의 질문을 피하고자 갖은 수단을 강구하는 아이들 이야기도 있다.

불행히도 이와 같은 문제는 성인기까지 계속 이어진다. 많은 성인들이 새로운 무언가를 배우려 할 때 당황하거나 어색해하고, 긴장하여 때로는 제정신을 잃기까지 한다. 성인이 되어서도 우리는 여러 가지 전략을 써서 고통스러울 것 같은 상황을 피하려 애쓴다. 토론할 때면 자신이 옳은 얘기를 하고 있나 불안해하고, 테니스를 치면서도 자신이 어떻게 보일지 신경 쓰느라, 그저 어떤 사안에 대해 자신이 잘 모른다는 것, 테니스 치는 법을 배우는 데 도움이 필요하다는 것을 인정하려 들지 않는다. 우리는 안 그런 척 숨기는 법을 배우긴 했지만, 이미 많은 이들은 어린 시절 갖고 있던 자신감과 배움의 욕망을 잃어버렸다. 오랜 기간에 걸쳐 배움의 욕망이 다른 사람에게 잘 보이거나 이기고 싶은 욕망으로 대체되어왔기 때문이다.

배우려면 두려움을 극복하고 자신감을 계발하며 압박감 속에서도 안정감을 가질 수 있는 환경이 필요하다. 문제는 배움에 적절한 환경을 제공하지 않으면서 그저 올바로 해야 한다는 압박감만 가중시키는 학교의 교육 방식에 있다. 대부분의 아이들에게 학교는 피할 수 없는 불편함과 시련으로 가득한 생존의 전쟁터가 되어버렸다.

하지만 어떻게 두려움을 넘어설 수 있을까? 앞서 우리는 어려운 학습 상황에 반응하면서 우리가 빠지기 쉬운 함정들과 이를 피하는 몇 가지 방법, 실험과 연습의 자유를 주는 학습 환경을 만드는 법 등을 살펴보았다. 운전을 배우는 데 어려움을 겪었던 여성의 사례를 보자. 이전에 만났던 강사들은 모두 그녀를 운전석에 앉히고는 도로로 나갔고, 그녀가 거의 패닉 상태에 빠지자 안심시키려 애쓰면서 상황을 해결하려 했다.

하지만 이런 접근 방식은 학생을 두려운 자극에 노출시키면서 동시에 공포 반응을 극복해보라고 훈계할 뿐이기에 배우는 데는 아무런 도움이 되지 않는다. 그녀에게는 운전 기술의 요소들을 따로따로 숙달할 수 있는 기회, 교통 상황을 걱정하지 않아도 되는 구조화된 학습 환경이 필요했던 것이다. 이런 학습 환경은 불안을 유발하는 자극을 없애고, 운전에 필요한 요소를 터득해 스스로 운전할 수 있다는 자신감을 얻는 배움의 기회를 제공해준다.

이 사례는 교사가 아무리 선의에 차 있더라도 상황을 해결할 수 있는 방법과 구조를 제공하지 않고 압박감만 주는 잘못된 교육 방식은 학생에게 두려움과 실패만을 강화시킨다는 것을 보여준다. 학교는 대개 배움에 대한 자신감과 긍정적인 자세를 계발할 기회를 주지 않는다. 그래서 새롭고 도전적인 경험들을 환영하기보다는 이를 피하라는 가르침을 학생들의 무의식에 심어주기도 한다.

물론 교실에서 많은 아이들이 잘 배우고 있고, 때론 대단한 성취를 보이는 아이들도 있다. 학교가 이런 성공적인 이야기들을 만들어 낸다면 제 역할을 잘한 것이 아니겠냐고 반문할 수 있겠다. 하지만 학교교육은 복권 추첨이 아니다. 재능이 빈약한 아이들은 젖혀두고 똑똑한 몇몇 학생들의 성공 사례를 바탕으로 교수법이 성공적이었다고 주장하는 것은 교사가 할 일이 아니다. 학교는 모든 아이들을 도와야 할 책임이 있다. '똑똑한' 아이들이 뭔가를 잘 해내는 경우 우리가 관찰할 수 있는 것은 좋은 가르침이 아니라 승자들이 승리와 자신에게 부과되는 과제를 즐기고 있는(또는 그렇게 보이는) 모습뿐이다. 좋은 교육의 진정한 과제는 "재능 있는 아이들뿐만 아니라 모든 아이들이 제대로 배우고 있는가"라는 질문에 답하는 것이다. 만약 재능 있는 아이들만 배우고 있다면, 이는 교육 방법에 근본적으로 오류가 있음을 뜻한다.

이제 우리는 자각과 제어 능력이 어떤 상황에서 나타나는 불안 반응을 어떻게 잠재울 수 있는지 살펴볼 것이다. 하지만 수행불안의 문제를 다룰 때 일차적으로 필요한 요소는 더 큰 자각과 제어 능력을 획득하려고 노력하는 것이 아니라 우선 실패에 대한 두려움 없이 배우며 자신감을 구축할 수 있게 해주는 교육적 접근이다. 즉, 실수를 허용하고 학생이 자신의 본래 능력을 발견하도록 돕고, 고전하고 있는 학생을 적극 지원하는 것, 이런 것들이 자신감을 형성하고 수행불안을 없애는 데 도움이 되는 요소인 것이다.

2. 원리를 고수하고 결과에는 초연하기

준비는 수행불안을 극복하는 법을 배우는 데 필요한 또 하나의 핵심 요소다. 많은 사람들이 공연을 앞두고 너무 긴장한 나머지 정작 공연(기술 수행)에서 실수하기 쉬운 부분에 필요한 준비를 제대로 하지 못하곤 한다. 예를 들어, 어떤 음악가는 리허설 동안 곡 전부를 기억하고 연주할 수 있지만 공연 도중 압박감을 느끼면 곡의 일부를 깜빡하고 만다. 이를 어쩔 수 없는 무대공포증이라 볼 수도 있지만, 사실 이런 문제는 곡을 충분히 숙지하지 못해 일어나는 경우가 많다.

음악가가 스트레스를 받는 상황에서도 공연을 할 수 있을 정도로 제대로 준비하려면, 작품의 세부적인 디테일까지 의식적으로 숙지하는 과정을 거쳐야만 한다. 연습할 때 연주를 잘하는 정도로는 부족하다. 진정으로 준비된 상태가 되려면 무언가를 '제대로 하는 것'에는 더 이상 신경 쓰지 않고 이미 자신 안에 있는 것을 그저 풀어낼 정도가 될 때까지 퍼포먼스의 세부사항을 아주 명료히 이해하고 있어야 한다.

많은 청중들 앞에서 공연할 때의 불안을 다루는 것도 마찬가지다. 물론 대규모 독주회라는 상황을 똑같이 구현할 수 있는 방법은 없다. 하지만 가능한 비슷한 상황을 자주 경험해보고, 이 때 자신의 호흡과 반응 등에 구체적으로 주의를 기울임으로써 이런 상황에 대처하는 능력을 키울 수 있다. 압박감 속에서 평정심을 유지하는 최고의 방법 중 하나는 직접 경험해보는 것이다. 우리가 더 잘 준비되어 있을수록 청중이 꽉 차 있는 겁나는 상황도 자신감과 침착한 자세로 대할 수 있게 된다.

날마다 하는 훈련은 어떤 기술을 수행해내는 데 매우 중요한 요소다. 악기를 연주하거나 운동을 한다는 것은 단순히 어떤 동작을 익히거나 음계를 연주하는 법을 배우는 것이 아니다. 이는 자신의 부적절한 반응과 감정, 태도에서 자유로워지는 법, 다시 말해 자기 자신의 여러 모습들을 배우는 것이며 또한 가치와 전통, 아름다움에 대한 철학을 담고 있는 어떤 기예를 갈고닦는 것이기도 하다. 이를 위해서는 훈련에 적절한 태도를 계발해야 한다. 배우는 이는 악기를 연주하거나 운동을 할 때 모든 순간을 자기 조절, 자신이 배우고 있는 기술의 원리에 주의를 기울이는 종합적인 훈련의 일부로 여겨야하며, 이를 일상생활에까지 확장해가야 한다.

일례로 바이올린 얘기를 해보자. 많은 바이올리니스트들에게 연습은 '해야만 하는' 일종의 일상적인 노동과도 같다. 그러나 이런 일상적인 활동을 할 때가 바로 우리가 가장 주의를 기울이는 법을 배워야 하는 지점이다. 비행기에 탈 때 뒤에 오는 사람들을 방해하지 않고자 짐을 짐칸에 빨리 넣으려 애쓰며 초조해하다가 때론 이성을 잃기까지 하는 승객들을 관찰해보라. 이 때 우리는 사람들이 압박감을 느낄 때 얼마나 쉽게 자제력을 잃는지 보게 된다. 우리가 이렇게 일상적인 상황에서도 평정심을 유지할 수 없는데, 어떻게 많은 청중들 앞에서 공연을 하며 침착하고 깨어 있는 상태를 유지할 수 있겠는가? 수행불안을 극복하길 원한다면 우리가 가장 주의를 덜 기울이는 상황, 즉 얼렁뚱땅 서둘러 해치워버리곤 하는 일상 활동에 세세하게 주의를 기울이는 법을 배울 필요가 있다. 그럼으로써 우리는 앞으로 마주하게 될 어려운 상황에 더 잘 대처할 수 있게 된다.

우리는 동양의 무예에서 작업과 행위에 대한 이런 훈련 방식의 좋은 사례들을 찾아볼 수 있다. 기술에 대한 서양식 접근 방식에서는 개인의 영광이 가치 있게 여겨지고, 운동선수나 연주자들이 화려한 기술들을 과시하며 타인의 주의를 끌기를 바라거나 결과에 집착하는 등 건강하지 못한 태도를 갖게 되는 경우가 많다. 훌륭한 코치는 항상 팀플레이의 중요성을 강조해야 한다. 왜냐면 농구나 축구 같은 스포츠의 진정한 실력은 득점을 하는 것만이 아니라 언제 패스를 해야 하는지를 아는 것도 포함하기 때문이다. 하지만 득점하기 좋은 위치에 있는 동료를 인식하지 못하고 스스로 슛을 해서 때로 중요한 득점을 올리는 선수에게 잘못을 지적하는 코치가 과연 얼마나 되겠는가? 대부분의 코치들은 이런 상황에서 선수들에게 팀플레이 훈련을 시키는 데는 별 관심이 없다. 이기는 데 더 관심이 있는 선수들도 마찬가지일 것이다. 하지만 코치가 모든 선수들의 잠재력을 높이길 원한다면 이 가치를 유념하는 것이 매우 중요하다. 우리는 원리를 고수해야 한다. 왜냐면 이러한 원리들을 통한 훈련이 성공에 대한 우리의 욕망, 맹목적인 행위, 결여된 지성을 다스릴 수 있게 해주며 더 어려운 상황에 우리를 준비시켜주기 때문이다.

스포츠에서 승부욕은 종종 수행불안을 야기하는 요인이 된다. 나의 경험을 이야기해보자. 내게는 탁구 라이벌인 친구가 있는데, 서로 실력이 비슷함에도 나는 경기에 대한 압박감 때문에 대개 제 실력을 발휘하지 못하곤 했다. 어느 날 나는 이기는 것은 생각지 않고 결과야 어찌 되건 내 실력대로 경기를 하는 데만 집중하자고 결심했다. 그러자 나는 전보다 탁구를 훨씬 더 잘 치는 내 모습에 놀라움을 감출 수 없었다. 누가 이기는지 더 이상 걱정하지 않았기 때문에 내 실력대로 공을 치는 데만 집중할 수 있었던 것이다. 잘하고자 하는 욕망은 대개 우리를 더 걱정하게 만들 뿐 부담을 덜어주지는 않는다. 무엇을 해야 하는지 생각하는 것에서 주의를 거두고 자신이 무엇을 할 수 있는지에 주의를 기울일 때 우리는 비로소 자신의 행위에 집중하고 불안을 넘어설 수 있게 된다.

이렇게 주의를 유지하는 원리는 연습에도 적용된다. 작품이나 연습곡을 연주할 때 많은 학생들이 실수를 바로잡으려고 중간에 멈추곤 한다. 이건 스스로를 의심하고 중간에 연주 흐름을 바꾸는 해로운 습관이다. 어떤 작품이나 연습곡을 연주하기로 결심하면 그것을 해보겠다는 자신의 결단을 고수해야 하며 결과에 대해서는 신경 쓰지 말아야 한다. 실수에 대해 평가하는 것도 마찬가지다. 우리는 자신의 성공뿐 아니라 실패에 대해서도 초연해지는 법을 배워야 한다. 우리가 해야 할 일은 결과가 어찌 되었건 자기 자신에게 주의를 기울이고 긍정적으로든 부정적으로든 자신을 판단하지 않는 것이다.

어떤 기술을 익힐 때 우리는 궁극적으로 자신의 일면을 마스터하는 법을 배우는 것이다. 이것은 우리가 자신의 행위에 지속적으로 주의를 기울여야 함을 뜻한다. 대개 우리는 끊임없이 결과에 대해 걱정하는데, 이는 물론 비생산적이고 심리적으로도 우리의 수행 능력을 방해한다. 이런 태도 때문에 생기는 여러 문제들이 기술 수행에만 일시적으로 영향을 미치는 것이 아니다. 결과에 대해 걱정하는 것은 진정한 숙달에 이르는 데 필요한 배움의 알맹이를 앗아간다. 궁도를 가르치는 스승은 몇 점짜리 과녁을 맞추는지가 아니라 학생이 올바른 원리에 따라 주의를 기울이며 훈련을 하는지에 더 관심을 둔다. 몇 년간의 연습 후 스승이 말했던 '그것'이 일어나 제자가 완벽한 방식으로 활을 쏘았음에 기뻐하지만, 스승은 제자에게 자신이 쏜 것이 아니니 우쭐할 일이 아니라고 말한다.[2] 어떤 결과가 발생하든 자기 자신과 행위에 주의를 기울이는 것이 중요할 뿐이다.

다시 말해 결과로 기술 수행을 판단하는 것은 기술의 바탕이 되는 훈련을 경시하게 하며, 즉각적인 실력 향상만 추구하느라 잠재력을 최고로 발현하지 못하게 만들기 때문에, 기술에 접근하는 저열한 방식이라 하겠다. 기술 성취의 본질은 자신의 여러 요소들에 대한 온전한 통제력을 얻는 데 있지,

점수나 수상 경력을 쌓는 데 있는 것이 아니다. 그러므로 우리는 결과에는 초연함을 유지하고 자신의 잠재력을 꽃피우는 데 힘써야 한다. 이를 통해 우리는 자신의 행위에 숙달하는 법, 실수했을 때 걱정하지 않는 법, 자기 자신을 실수나 성취와 동일시하지 않는 법을 배운다. 보다 높은 수준의 원리를 따를 때, 우리는 어떤 상황에서도 침착함을 유지하고 어려운 상황을 절도 있는 태도와 초연함으로 마주하는 법을 배울 수 있다.

3. 주의와 행동을 의식적으로 조절하기

우리가 잘 훈련되어 있고 바른 정신적 태도를 갖춘다고 해도 많은 청중들 앞에서 망신 당하는 두려움이 다 사라지지는 않는다. 많은 공연자들은 늘 이런 두려움을 안고 살아가며, 높은 기대치에 부응하고자 자신을 몰아세운다. 두려움으로 인해 심신이 지치고 망가져 창의성과 명료한 사고, 자발성과 기쁨을 잃어버리는 사람들도 있다.

이런 일이 일어나는 이유 중 하나는 스트레스 상황에서 불안과 과도한 반응으로 이어지는 태도가 몸에 배어 있기 때문이다. 우리는 허둥대고, 염려하고, 짜증내고, 긴장한다. 자신을 조절하는 능력에 필요한 내적 자원과 명민한 자각이 부족할 때 우리는 더 방어적이고 긴장한 상태로 두려움을 대하게 된다. 하지만 자각과 조절 능력을 계발하면 이러한 상태를 뒤집을 수 있고, 압박을 느끼는 상황에서도 평정심을 유지할 수 있게 된다. 긴장도가 높아지는 것을 인식하고 몸 전체의 균형을 회복하는 법을 배우면 우리는 긴장을 흘려보내고 불안 반응을 예방할 수 있다.

불안한 상황에서도 이런 높은 수준의 제어 능력을 얻기 위해서는 두 가지 요소가 필요하다. 그 첫번째 요소는 근육계에 대한 지식과 이것이 어떻게 전체적으로 함께 기능하는지 아는 것이다. 스트레스 반응은 위험을 마주했을 때 싸우거나 도망갈 수 있게 우리를 준비시키는 생리적 반응기제다. 이 때 몸에서는 아드레날린이 분비되고 근육의 긴장도가 높아지며 심장박동이 빨라지고 피가 빠르게 순환한다. 하지만 신경계가 이와는 반대의 편안한 상태를 유도할 수도 있다. 근육계가 잘 협응을 이룬 상태로 기능하면 우리는 고요하고 균형을 이룬 상태에 이르게 된다. 근육 전체가 균형 상태에 있을 때 우리의 호흡은 온전하고 방해받지 않으며 몸은 조화롭고 긴장되지 않은 상태가 된다. 근육의 균형을 회복함으로써 우리는 간접적으로 신경계에 대한 조절 능력을 갖추게 된다. 이 때 제어되지 않는 반응과 불안함은 편안함으로 대체되고, 두려움으로 인한 무의식적 반응이 사라진 자리에 깨어 있음과 고요함이 들어선다.

하지만 이렇게 균형을 이룬 상태는 단순히 이완된 상태가 아니다. 많은 공연자들이 이완이나 최면, 바이오피드백 등을 통해 불안을 극복하려 한다. 하지만 특정 근육의 긴장을 풀어주는 이완 기법으로는 근육의 긴장을 온전히 다룰 수 없고, 근육계 전체의 적절한 협응을 회복시키지도 못한다.

불안 반응을 제어하는 능력에 필요한 두 번째 요소는 의식 consciousness이다. 스트레스 반응은 우리가 위험에 처했을 때 스스로를 보호하기 위한 자연스러운 반응 기제다. 하지만 이 반응은 대개 부적절한 경우가 많다. 위험을 마주했을 때 많은 동물들이 싸우거나 도망가기보다는 그저 얼어붙거나 통제 불능 상태에 빠지곤 한다. 인간 또한 위험에 처했을 때 혼란에 빠지거나 공포에 사로잡힌 상태가 되는 경향이 있다. 몇몇 공연자들은 말 그대로 두려움에 얼어붙거나 이성이 마비되기도 한다.

이런 반응을 다루려면 우리가 무엇을 하건 자각과 균형 상태를 유지하는 법을 배울 필요가 있다. 자기 자신에게 주의를 기울이거나 스트레스를 다루는 데 익숙하지 않기에 우리는 압박감을 느낄 때마다 걱정에 사로잡히거나 산만해진다. 하지만 건설적인 방향으로 주의를 집중하고, 어떤 활동을 할 때 신체적 자각을 잃지 않는 법을 배움으로써 우리는 스트레스 반응을 예방할 수 있고 압박감을 느낄 만한 상황에서도 평정심을 유지할 수 있다.

다시 말하지만, 단순히 이완 기법을 훈련하는 것만으로는 이런 종류의 자각에 이를 수 없다. 이완 기법은 능동적으로 활동에 참여하는 데서 우리를 떼어내 의식을 둔하게 만들기 때문이다. 깊은 이완을 가져다주긴 하지만 잠자는 것과 같은 상태를 야기해 비슷한 결과를 낳는 최면도 마찬가지다. 수행 불안을 극복하는 핵심은 일상 활동에서 고요하고 깨어 있는 자각을 유지하는 법을 배우는 것이고, 이를 다른 어떤 일을 수행할 때도 적용하는 데 있다.

5장

반응의 역할

교사는 학생에게 '결과'에 대해 생각하는 것이
실패의 보증수표임을 알려줘야 한다. 학생은 결과가 아니라
그것에 이르는 '방법'에 오롯이 주의를 기울여야 한다.
이 과정을 신뢰하는 법을 배움으로써 학생은 무엇을
'제대로' 하는 것에 대해서는 덜 걱정하게 되고,
성취를 돕는 요소에 더 온전히 주의를 기울일 수 있게 된다.

이번엔 기술의 또 다른 구성 요소인 반응reaction의 역할을 살펴보자.

앞서 불필요한 긴장이 몸의 자연스러운 움직임을 방해하여 순조롭지 못한 기술 수행으로 이어진다는 점을 살펴보았다. 가수와 바이올리니스트 사례에서 보았듯이 목과 어깨를 죄는 습관은 연주할 때 불필요한 긴장을 유발한다. 하지만 자신의 반응을 제어하지 못하는 플루트 연주자의 사례에서 보았듯 이 긴장은 제어되지 않는 움직임으로 인해 일어나는 현상의 일부일 뿐이다. 이렇게 제어되지 않는 행위는 복합적인 기술을 터득하는 데 나쁜 영향을 끼친다.

1. 행위의 무의식적 요소

어깨와 등의 긴장 때문에 내게 도움을 청했던 조안의 사례로 돌아가 무의식적 행위의 문제를 좀 더 면밀히 살펴보자. 우리는 조안이 플루트를 들어올릴 때마다 어깨와 몸통, 다리를 불필요하게 긴장시키는 모습을 보았다. 조안을 돕기 위해서는 우선 몸이 자연스럽게 기능하도록 머리와 몸통 사이의 균형을 다시 조율하여 몸 전체의 전반적인 긴장을 늦출 필요가 있었다. 다음 단계는 서거나 팔을 들어올리는 단순한 동작을 할 때도 이렇게 향상된 상태를 유지할 수 있게 돕는 것이었다.

하지만 이를 설명하는 것이 아니라 실제 경험으로 전달하는 것은 보기보다 꽤 어려운 일이다. 이 문제를 다루기 위해 나는 조안에게 목과 등을 긴장시키지 않으면서 앉고 서는 법을 알려주겠다며, 내가 그녀를 움직일 수 있게 의자에 가만히 앉아 있어보라고 부탁했다. 하지만 조안은 내가 새로운 방식으로 움직임을 조정할 수 있게 자기 자신을 가만히 놔두는 대신 움찔거리며 도리어 자신이 없애고자 하는 긴장을 더 강화시키곤 했다. 움직임을 멈춘 채 가만히 있어보라고 다시 부탁했지만, 조안은 의자에서 계속 튀어오르듯 움직이며 이전처럼 행동했다. 조안은 자신의 행위를 거의 제어하지 못했으며 나를 도우려고 하다가 결국 내가 하지 말라고 한 행동을 해버리곤 했다.

조안이 자신의 행위를 제어하지 못했던 이유는 뭘까? 얼핏 보기에 그녀의 움찔거림은 걱정과 신체적 긴장 때문에 어쩔 수 없이 일어난 것처럼 보인다. 조안이 긴장된 상태에 있었고 또 교사에게 도움이 되고 싶어 했기 때문이다. 하지만 그녀의 반응은 무릎 반사처럼 제어할 수 없는 것이 아니었다. 그래서 이번엔 조안더러 움직이기 전에 의자에서 일어서지 말고 몸의 무게중심만 앞으로 살짝 기울여보라고 부탁했다. 그러자 조안은 그렇게 했다. 여기에서 조안이 전과 다르게 움직인 이유는 무엇일까? 조안이 내게 더 도움이 되고 싶어 했거나 이해력이 좋아져서가 아니라 내가 움직임에 대한 새로운 '생각'을 제안했고, 조안이 이를 의식적으로 따랐기 때문이다.

우리는 여러 다양한 활동에서 어떤 행위를 할 거라는 '생각'과 '근육의 긴장'이 서로 연결되어 있는 모습을 관찰할 수 있다. 팔을 이완 상태로 늘어뜨린 채 있게 한 뒤 내가 재빨리 팔을 들어올렸을 때 조안은 팔을 그대로 놔둘 수 있었지만 같은 동작을 두 번째 반복했을 때는 스스로 팔을 들어올리려는 충동을 자제하지 못했다. 이 차이는 뭘까? 처음에 조안은 내가 무엇을 하려는지 몰랐고 그래서 내 행동을 예측할 수 있는 단서가 없었다. 하지만 두 번째 시도에서는 내가 팔을 들어올릴 거라는 생각을 했고 이것이 의도하지 않게 스스로 팔을 움직이는 결과를 낳았던 것이다.

2. 생각이 움직임으로

생각이 움직임으로 이어지는 이유는 뭘까? 왜 이 움직임은 무의식 수준에서 일어나는 걸까? 어떤 동작을 할 때 우리는 마치 정신이 동작을 원하는 대로 지시할 수 있는 관리자라도 되는 양 스스로 행위 과정에 통제력을 갖고 있다고 느낀다. 하지만 사실 일상에서 우리가 하는 대부분의 행위는 생각에 반응하여 자동적으로 일어난다.

이를 구체적으로 살펴보자. 주방에서 설거지를 할 때면 접시 하나를 닦은 뒤 물로 헹구고는 다른 접시로 손을 뻗는다. 각각의 움직임이 정확히 어떻게 일어나는지 알지 못한 채 하나의 동작은 앞의 동작에 연달아서 자동적으로 무의식적으로 일어난다. 이는 매우 상투적이고 습관적인 행위에 가깝다. 우리가 어떻게 손을 씻고 이를 닦는지만 관찰해봐도 알 수 있다. 우리는 흔히 자신의 몸에 대한 자율권과 통제력을 갖고 있다고 느끼지만 사실 우리가 하는 일상의 수많은 행위들은 습관적인 판에 박힌 행동들이며, 이는 대개 무의식 수준에서 일어난다.

19세기 생리학자인 윌리엄 카펜터William Carpenter가 생각-운동 행동Ideomotor action(이하 생각-운동)이라고 이름 붙인 이 현상은 의도적 행위의 기본 매커니즘이다.[1] 우리는 정신이 몸에 명령을 내리는 주인이고, 몸은 순종적인 하인과 같다고 생각하지만 행동에 대한 생각의 지배력은 이처럼 절대적이지 않다. 어떤 행동에서 무엇이 정신적인 요소이고 또 신체적인 요소인지 명확하게 구분지어 설명하는 것도 쉽지 않다. 무언가를 하려는 생각이 떠오르면 몸 전체에서 이에 대한 반응이 일어난다. 이 반응은 대개 무의식 수준에서 일어나기 때문에 우리는 이에 대한 별 다른 제어 능력을 갖고 있지 못하다.

생각과 움직임 사이의 연결 관계는 행위가 어떻게 일어나는지, 그리고 우리가 왜 움직임과 관련된 생각에 영향 받기 쉬운지 알려준다. 우리는 지배적인 의지력으로 무언가를 하는 것이 아니라 일어나는 생각들에 반응해 움직인다. 이것이 인간의 의도적 행위를 지배하는 기본 매커니즘이다. 만약 이것이 사실이 아니라면 우리가 일상의 모든 행위를 거의 자동적으로 할 수 있다는 이 놀라운 사실을 어떻게 설명할 수 있을까? 손을 씻고, 가게에 가고, 요리를 하는 등의 행동은 사실 엄청나게 복잡한 활동이라 우리가 이 각각의 동작을 어떻게 행하는지 알아내는 것은 거의 불가능에 가깝다. 하지만 우리는 별로 의식하거나 생각하지 않고도 이 복잡한 행위들을 해낸다.[2]

또 생각과 움직임 사이의 연결 관계는 생각이 어떻게 조안의 행동을 유발시킬 수 있었는지 설명해준다. 몸은 우리가 주변 환경에 효율적이고 유연하게 반응해 일상 활동을 할 수 있도록 생각에 민감하게 반응하게끔 설계되어 있다. 대개 우리는 외부로부터 주어진 것보다 삶 속에서 자신에게 떠오른 생

각에 반응한다. 인위적으로 만들어낸 환경이었지만 조안에게
내가 어떤 행동을 제시했을 때에도 조안 안에서는 이와 같은
심리적 작용이 일어났던 것이다.

3. 감각-운동 신경회로, 익숙한 습관

대부분의 행위는 자율적인 '의지'에 따라 일어나는 것이 아
니라 이미 설정되어 있는 신경회로대로 일어난다. 그래서 우
리가 몸이 움직이는 방식을 바꾸거나 향상시키는 데는 한계
가 있다. 앉아 있다 일어서는 단순한 움직임에서 어떤 일이
일어나는지 생각해보라. 물론 우리는 마음먹은 대로 서거나
앉을 수도 있다는 점에서 이 행동을 온전히 자유의지에 따른
행위라고 볼 수도 있다. 하지만 만약 우리가 이 행동을 일상
의 습관과 다른 방식으로 하기로 결정하면 어떤 일이 벌어질
까? 예를 들어 당신이 평소 일어설 때 등을 구부정하게 하는
습관이 있다면, 이 습관이 작동하지 않는 다른 방식으로 일어
설 수 있을까. 자신 안에 내재된 생각-운동 신경회로에서는
이미 그 대안을 찾을 수 없다. 이 때 당신은 일어서려는 의도
를 내려놓아야 한다. 그렇지 않으면 이미 아는 방식으로 움직
일 수밖에 없기 때문이다.
어떤 행위를 선택하는 것이 가령 침대에서 일어나거나 전

화기 있는 곳으로 걸어가는 일처럼 원하는 결과를 성취한다면, 생각-운동은 우리의 목적을 이루는 데 도움이 될지도 모른다. 그러나 우리가 움직이는 '방식'을 바꾸고자 할 때 이미 몸에 배어 있는 습관인 생각-운동 회로에 의존하는 것은 부적절한 선택이다. 당신이 어떤 의도를 갖든, 어디에 주의를 집중하든 습관은 의지력의 행사를 제한할 것이다. 진정한 선택권을 행사하려면 당신은 자신의 생각-운동 회로에 이미 존재하는 선택지만 '고르는' 것이 아니라 습관과 반응이 어떻게 의식적인 수준에서 기능할 수 있는지를 물어야 한다.[3]

우리는 대개 정신이 몸에 지령을 전달하고 몸은 이 지령을 수행한다고 생각한다. 우리는 행동이 자유의지를 통해 일어난다고 생각한다. 하지만 생각이 움직임을 일으키는 방식은 좋든 싫든 이미 형성된 신경회로에 의해 습관화되어 있다. 그러니 우리가 행동이 일어나는 방식을 바꾸려 할 때 우리는 이미 형성된 특정 감각-운동의 협응 방식, 다른 말로는 습관의 한계에 봉착하게 된다.

다시 설명하자. 생각-운동은 이미 우리에게 내재된 감각-운동 협응 기전을 바탕으로 기능한다. 그리고 이 협응 기전은 대개 자극에 대한 습관적인 반응, 즉 몸에 밴 행동의 형태로 작동한다. 우리는 감각-운동 협응 회로가 온전히 형성된 동작들만 성공적으로 할 수 있다. 이 협응 기전은 마치 우리가 운전을 하는 동안 차의 내부 구조에 신경 쓸 필요는 없지만 사실 차가 움직이려면 있어야 하는, 자동차에 내재된 장치와 같다. 우리 안에도 이 회로가 존재하기 때문에 우리가 하는 생각들이 다양한 운동 반응을 일으킬 수 있는 것이다. 달리 말하자면, 의지로 모든 지령을 수행할 수 있는 몸이란 존재하지 않으며, 존재하는 것은 움직이는 기계장치이다. 이 장치는 대개 무의식 수준에서 작동되는 내재된 감각-운동 협응 기전으로 움직인다.

4. 익숙한 노력이 아닌, 의식적인 연습

이제 생각-운동 기능이 기술 수행과 어떻게 연관되어 있는지 살펴보자. 피아노를 연주하는 상황으로 되돌아가 학생이 아주 느린 템포로 악보를 연주하라는 지시를 받았다고 가정하자. 이 경우 충분히 천천히 연주하는 한, 학생이 손을 움직이는 방식은 음계를 차례차례 누르는 능력에 별 영향을 주지 않는다. 이 정도는 초보자도 별 어려움 없이 해낼 것이다. 하지만 음계를 빠르게 연주하려고 하면 상황이 극적으로 변한다. 이 경우 손을 사용하는 방식이 연주 결과에 큰 영향을 미친다. 음계를 고르고 명료하게 연주하는 능력과 생각이 손의 움직임을 리드하는 과정을 습관적인 손놀림이 방해하기 때문이다.

바로 이 지점에서 생각-운동 기능이 중요한 역할을 한다.

음계 하나를 연주하는 것처럼 아주 간단한 행위를 할 때는 그 결과를 원하는 것만으로도 우리가 그 행위를 할 수 있을 거라고 믿는다. 하지만 이렇게 스스로 완벽한 제어 능력을 갖고 있다는 느낌은 환상이다. 대단한 손재주가 필요한 작업을 해보라거나 복잡한 음계들을 빠르게 연주하라는 지시를 받으면 우리는 이를 수행할 수 없는 자신을 발견한다. 이 경우 손은 건반이 아니라 어떤 건반을 연주해야 하는지에 대한 생각에 반응해야 하고, 또한 매우 효율적인 방식으로 움직여야만 한다. 만약 곡을 연주하려는 생각이 비효율적이며 통제되지 않는 움직임 패턴을 일으킨다면 손은 악보를 연주할 수가 없다. 그렇기 때문에 복합적인 작업 앞에서 그저 습관적으로 반응한다면 원하는 결과에 이르고자 하는 우리의 의도가 오히려 기술 수행을 방해하게 되는 것이다.

학생은 곡을 제대로 연주하려는 노력을 되풀이하다 보면 결국 어려운 악절도 능숙하게 연주할 수 있게 될 거라 믿는다. 하지만 그의 연주는 사실 연주한다는 생각에 대한 습관적인 반응일 뿐이다. 이 반응 패턴에 비효율적인 움직임이 섞여 있다거나 생각과 동작 사이에 필요한 협응이 제대로 일어나지 않는다면 불완전한 방식으로 피아노를 연습하게 될 것이다. 음계를 제대로 연주하겠다는 선의의 노력이 오히려 지성적인 연습을 방해하게 되는 것이다.

5. 낡은 생각과 습관적인 행동의 결합 깨기

그렇다면 자동반응을 일으키는 이 결합 관계를 어떻게 깰 수 있을까? 등을 구부정하게 만들지 않고 일어서는 사례로 돌아가보자. 여기에서 학생은 자신의 움직임을 특정 방식으로 제어하면 문제를 해결할 수 있을 거라 생각하기 쉽다. 하지만 등을 구부리지 않겠다는 생각을 포함해 그 어떤 의도도 생각-운동 반응을 유발하기 때문에 학생은 움직이고자 하는 충동이 일어날 때 우선 움직이는 것을 삼가야만 한다. 그 뒤 습관적인 행위와 새로운 방식의 행동을 뒤섞지 않으면서 일어설 수 있어야 한다.

학생이 이렇게 할 수 있게 도우려면 교사는 어떤 행동을 결과와 직접 결부되어 있지 않은 세부 단계들로 나누어야 한다. 이렇게 함으로써 학생이 행동의 구성 요소에 온전히 주의를 집중하게 하고, 목표와 결과를 생각하느라 주의가 산만해지는 것을 막을 수 있다. 예를 들어 의자에서 일어나는 행동은 (1) 몸의 무게가 발에 전달될 때까지 고관절을 앞으로 접으며 (2) 몸의 무게를 발바닥으로 전달하면서 일어서는 행위로 나눌 수 있다. 한 번에 한 단계씩 밟아가면 일어서는 것에 대해서는 따로 생각하지 않아도 의자에서 일어날 수 있게 된다.

하지만 이 과정이 그리 단순하지만은 않다. 학생은 고관절을 앞쪽으로 회전시키는 움직임에 평소 일어서려 할 때 일어나는 습관적인 반응들을 뒤섞어버릴 것이다. 이는 대개 학생이 (그렇게 하지 않으려고 해도) 결과에 신경을 쓰거나 또는 '제대로 하려' 애쓰기 때문이다. 바로 그 순간 학생은 습관적으로 움직이게 된다. 이런 습관에는 우리가 목표에 집중하지 않으면 성취 동기를 잃게 될 거라는 불안이 깔려 있다. 하지만 진실은 그 반대편에 있다. 교사는 학생에게 '결과'에 대해 생각하는 것이 실패의 보증수표임을 알려줘야 한다. 학생은 결과가 아니라 그것에 이르는 '방법'에 오롯이 주의를 기울여야 한다. 이 '과정'을 신뢰하는 법을 배움으로써 학생은 무엇을 '제대로' 하는 것에 대해서는 덜 걱정하게 되고, 성취를 돕는 요소에 더 온전히 주의를 기울일 수 있게 된다.

일어서는 움직임과 연결짓지 않으면서 그저 고관절 앞쪽으로 무게중심을 이동하는 첫 단계를 마스터하게 되면 이제 다음 단계로 넘어갈 준비가 된 것이다. 두 번째 단계에서도 다 일어설 때까지 평소 습관적인 방식으로 일어나던 움직임을 뒤섞지 않는다는 원리를 고수한다. 이렇게 과정에 주의를 기울일 때 일어서는 동작은 자연스레 일어날 뿐이다. 이제 학생은 매사 목표에 신경 쓰지 않아도 이를 성취할 수 있다는 사실을 발견한다. 자신이 밟아가는 과정이 목표에 비해 더 흥미로운 대상이 된 것이다. 이를 통해 그는 습관적인 동작을 유발하는 낡은 생각들을 떠올리지 않으면서 지금 자신이 어떤 방식으로 움직이고 있는지에 주의를 기울이는 기술을 터득하게 될 것이다.

6. 습관적인 '반응'에서 의식적인 '행동'으로

앞서 논의한 내용들을 다시 요약해보자. 생각-운동이란 생각에 의해 자동적으로 일어나는 움직임이다. 이 습관적 반응으로 일어난 동작의 결과가 목표와 부합하는 한 우리는 이 과정을 다시 점검해볼 이유가 없다. 하지만 복합적인 기술을 터득해야 하거나 (플루트를 연주할 때 과도한 긴장으로 고생했던 조안처럼) 해로운 행동 패턴을 바꾸어야 할 때 생각-운동은 우리를 제한하는 요소가 되기에, 우리는 더 의식적으로 이를 조절할 필요가 있다. 자동반응으로 일어나는 습관적 반응이 우리를 가두는 덫이 되지 않도록 말이다.

우리는 근육을 단련하거나 자신의 동작을 특정 방식으로 조절하면 이것이 새로운 결과로 이어질 거라 믿는다. 하지만 이러한 애씀은 오히려 자신이 극복하려는 바로 그 습관만 부추길 뿐이다. 심지어 다르게 움직이려는 생각조차도 실패를 유발한다. 무언가를 하려는 생각이(심지어 뭔가 새로운 것을 한다는 생각도) 낡은 생각-운동 반응을 촉발할 것이기 때문이다. 그래서 이렇게 애쓰기만 해서는 결국 자신이 변화시키려 하는 그 행동을 계속 반복하는 자신을 발견하게 될 뿐이다.

그러나 행위와 결부된 긴장 패턴을 자각하게 될 때 우리는 자신의 생각-운동 반응을 더 잘 제어할 수 있게 된다. 앞서 생각-운동은 생각과 근육이 함께 작동해 일어나는 움직임이라

는 것을 살펴보았다. 사실 우리가 생각-운동에 관심을 두었
던 일차적인 이유는 기술 수행을 방해하는 해로운 긴장을 줄
이기 위해서였다. 이 긴장이 없으면 불필요한 움직임이 일어
나지 않거나 최소한 이전처럼 움직이지는 않게 된다. 그래서
근육의 긴장을 자각하고 예방함으로써 우리는 자신의 동작을
더 잘 제어할 수 있게 된다.[4]

하지만 근육의 긴장을 알아차리는 것만으로 습관적인 반응
을 의식적으로 제어할 수 있는 것은 아니다. 어떤 행위를 하
려는 생각은 다시 우리 안의 낡은 운동 패턴을 작동시킬 것이
다. 하지만 근육계가 더 조화로운 상태가 되면 우리는 생각이
동작으로 이어질 때의 긴장 패턴을 '인식'할 수 있게 된다. 근
육의 향상된 협응 상태가 생각이 잘못된 움직임을 유발하는
순간을 관찰할 수 있는 자각의 배경이 되어주기 때문이다. 이
것은 무의식적인 반응이 일어났을 때 우리가 이를 인식할 수
있게 해주고, 그래서 생각에 의한 습관적인 반응을 더 의식적
으로 제어할 수 있게 해준다.

이는 우리가 대체로 자신 안에서 무엇이 습관적인 반응을
유발하는지 자각하지 못하고 살아간다는 의미이기도 하다.
우리는 때로 팔을 들어올리거나 걸음걸이에 주의를 기울이곤
하지만 그 동작에 구체적으로 어떤 움직임이 필요한지는 고
려하지 않는다. 우리는 늘 생각한다. 그리고 의식에서 떠돌아
다니는 생각들에 반응한 결과 어느 순간, 자신도 모르게 행위
가 일어나버린다. 이는 다른 사람들의 습관적인 반응이 일어

나는 상황을 보면 더 명확하게 이해할 수 있다. 우리는 자신의 행위가 어떻게 일어났는지, 무엇이 그 행위를 유발했는지 알지 못한다. 생각-운동의 연쇄 작용, 즉 생각이 운동 반응을 일으키는 과정에 무지한 것이다.

우리는 근육의 운동감각 자각 kinesthetic awareness 능력을 통해 이런 경향을 극복할 수 있다. 행위와 결부된 근육의 활동을 자각하게 될 때 이 근감각이 주는 피드백은 생각이 언제 작동을 시작했는지를 인식할 수 있게 해준다. 그러면 우리는 습관적 반응들을 더 의식할 수 있게 되어 자신의 행위를 더 잘 제어할 수 있게 된다. 자신의 행위가 어떤 무의식적 작용으로 일어나는지 잘 의식하지 못하기 때문에 평소 자신의 자율성에 대해 갖고 있던 주관적인 느낌이 몹시 기만적이라는 사실을 새삼 깨닫게 될 것이다. 이런 무의식적 행위가 시작되는 근육의 긴장에 근감각이 깨어 있을 때, 우리는 무의식적인 과정을 의식적인 수준으로 끌어올려 기술 수행에 더 큰 제어력을 갖게 된다.[5]

예를 들어, 조안의 경우 어깨를 긴장시키고 숨을 붙잡는 습관적인 반응은 플루트를 연주한다는 생각에서 비롯되었다. 근육 전체를 다시 조율한 뒤 플루트를 들어올릴 때 자신의 습관에 주의를 기울임으로써 조안은 자신의 해로운 긴장 패턴을 발견하고 예방하기 시작할 수 있었다. 이는 단지 긴장을 제거할 뿐만 아니라 자신의 생각과 습관적인 반응 전체를 알아차리고 예방하는 법을 알려주어, 무의식적으로 반응하는 행동을 의식적이고 지성적으로 조절된 행동으로 변화시킬 수 있게 해준다.

피아니스트가 복잡한 음계를 연주하는 데 어려움을 겪었던 이유는 곡을 연주한다는 생각이 잘 조율되지 않은 무의식적인 몸의 반응을 불러일으켰기 때문이다. 스스로 이런 경향성을 알아차릴 때 자신의 자동 반응을 더 잘 예방할 수 있어 연주하고자 하는 음계를 더 의식적으로 생각할 수 있게 된다. 그러면 더 정교하고 지성적인 방식으로 행동을 조율할 수 있어, 애씀 없이도 더 정확하게 연주할 수 있다. 이제 그는 기술의 궁극적인 수행 능력이 제대로 해내려는 욕구가 아니라, 분주한 행위를 멈추고 고요해져서 동작이 지성적으로 조율된 의도에 따라 일어날 수 있도록 하는 데 달려 있음을 안다.

여기서 움직임에 대한 자각이 기술을 습득하는 유일한 방법이라고 말하려는 것은 아니다. 동물들은 태어나면서부터 운동 기능이 발달해 복잡한 활동도 거의 본능적으로 해낼 수 있다. 어떤 음악가들은 아주 어렸을 때부터 음악을 접해 동물들처럼 거의 본능 수준에서 학습할 수 있었기에 높은 수준에 이르기도 한다. 하지만 인간의 경우 나이가 들수록 운동 기능은 습관이나 긴장 등에 방해를 받는다. 그래서 새로운 기술을 습득하고, 학습에서 끈덕지게 지속되는 문제를 극복하려면 때로는 자각을 통해 자신의 움직임을 더 의식적인 수준으로 끌어올릴 필요가 있다.

6장

습관의 역할

우리가 놓치고 있는 것은, 우리의 모든 행동이
자기 자신이라는 수단을 통해 이루어진다는 사실이다.
그리고 우리가 여기서 기억해야 하는 점은
몸에 밴 끈덕진 습관들도 자기 자신의 일부라는 점이다.

어설픈 움직임은 신체 조절력이라는 측면에서 살펴볼 필
요가 있다. 어떤 기술을 수행하건 거기에 어설픈 행동 방식이
적용되기 때문이다. 앞서 우리는 기술을 배우려 할 때 정확한
동작을 반복하는 데 초점을 맞추는 경향이 있음을 보았다. 가
령 테니스 스트로크의 완벽한 동작을 상정하고 그것을 해낼
수 있게 되는 것을 목표로 삼는 것이다. 많은 사람들에게 이
러한 태도는 동작을 완벽하게 해내는 것에 대한 집착, 근육
강화, 이상적인 동작이 몸에 밸 때까지 계속 반복해서 훈련하
는 노력으로 이어진다. 하지만 단순히 연습을 많이 한다고 해
서 자신의 행위 '방식'에서 기인하는 해로운 영향을 극복할
수는 없다.

1. 어설픈 동작이 기술에 미치는 영향

백핸드 스트로크를 배우는 테니스 초심자의 사례를 통해 이 문제를 살펴보기로 하자. 초심자는 라켓을 휘두를 때 대개 어색하게 스윙을 하면서 어깨를 들어올리고 몸을 뒤로 젖히곤 한다. 그 결과 공을 제대로 맞추지 못하고 비스듬히 긁는 식으로 맞추게 된다. 이 경우 백핸드 치는 법을 제대로 이해하지 못한다는 점이 분명하므로 교사는 자연스레 좀 더 공에 다가가라고 조언하고 스윙도 교정해주면서 학생을 도우려 할 것이다.

이런 접근 방식이 어느 정도 성공을 가져다줄 수는 있다. 그러나 학생의 진짜 문제를 다루지는 못한다. 우리는 앞서 몸을 구부려 바닥에서 어떤 물건을 집거나 의자에서 일어서는 아주 기본적인 동작을 할 때도 대부분의 사람들이 몸을 불필요하게 긴장시키는 경향이 있음을 보았다. 예를 들어 사람들은 대부분 몸을 굽힐 때 무릎과 고관절을 구부리는 대신 허리를 구부려 몸을 위축시키고 긴장시키곤 한다.(허리는 관절이 아니다. _옮긴이)

바로 이런 습관들이 학생으로 하여금 백핸드 스트로크를 터득하지 못하게 만든다. 학생이 스윙 자세를 바로 잡으려 공에 좀 더 가까이 다가설 수도 있지만, 이렇게 교사의 지시사항을 따를 때도 학생은 여전히 몸을 뒤로 젖히며 스윙을 하게 될 것이다. 이는 자기 몸의 무게중심을 적절히 이동하면서 스윙하는 데 필요한 것과는 정반대 동작이다. 그러니 학생이 아무리 애를 쓴들 노력은 수포로 돌아가고 스윙은 달라지지 않는다. 연습을 해도 행동 방식이 어설프기 때문에 실력이 늘지 않는 것이다.

교사가 학생의 스윙이 뭔가 이상하다는 것은 알지만 그 이유를 모르는 경우 상황은 설상가상에 빠진다. 무엇이 자신의 스윙을 이상하게 만드는지 알지 못하기에 학생은 아직 자신이 '제대로 된 동작을 배우지 못했다'고 생각한다. 그리고 교사도 이와 같이 생각할 것이다. 교사는 학생이 무엇을 배워야 하는지 알고 있다고 생각하고, 실패의 원인은 학생의 재능이나 능력 부족에 있다고 믿는다. 대개 교사는 학생이 똑같은 실수를 반복하더라도 결국 자신이 학생의 스윙을 분석해서 교정할 수 있으리라는 확신을 갖고 있다. 무엇이 잘못되어 있든 공을 향해 다가서면서 라켓을 휘두르고 다시 준비 자세로 되돌아오는 일련의 바른 동작 요소들을 끼워 맞춰 연습을 시키면 결국 학생이 동작을 제대로 해내게 될 거라고 생각하는 것이다.

하지만 이 접근 방식은 핵심을 놓치고 있다. 실력이 늘지 않는 이유는 교사의 지시를 따르지 않아서가 아니라 균형과 협응이 이루어지지 않는 방식으로 움직이기 때문이다. 교사가 아무리 바로잡으려고 해도 학생의 어설픈 동작은 되풀이된다. 이 동작은 사실 학생의 습관적인 긴장 패턴으로 인해 나타나는 것이다. 교사는 아마 학생에게 재능이나 운동신경이 부족하다고 판단해버릴지 모르고, 어떤 면에서는 이것이 맞을지도 모른다. 하지만 이 교사는 학생의 문제를 분석할 수 있는 적절한 지식을 갖고 있지 않다. 그 때문에 그 학생을 적절히 돕지 못하게 되고 만다. 여기에서 결여된 것은 학생의 재능이 아니라, 문제에 대한 교사의 이해력인 것이다.

앞서 가수의 사례에서 보았듯이 우리가 어색하거나 부자연스러운 움직임에서 잘 인식하지 못하는 것은 구체적인 긴장의 패턴이다. 테니스의 경우 대체로 먼 거리에서 지켜보기 때문에 학생의 전반적인 움직임은 쉽게 파악하지만, 노래 수업처럼 가까이에서 관찰하지는 않기 때문에 머리를 뒤로 젖히는 것처럼 몸의 한 부분이 다른 부분과 어떤 관계로 움직이는지와 같은 세부적인 요소들은 보지 못하는 것이다. 노래를 가르치는 교사들은 대개 발성에서 습관의 역할을 자각하고 있는데 반해, 테니스 교사들은 습관에 대해서는 그저 어렴풋하게만 인식하고 있는데, 이는 아마 이런 관찰의 거리 때문인지도 모른다. 사실 많은 스포츠 지도자들이 몸의 특정한 습관이 동작 전체에 관여한다는 것을 별로 의식하지 못하고 있다. 하지만 카메라 줌을 당기듯 학생의 동작을 세밀하게 관찰하면 (이전에 목을 긴장시키며 노래를 부르곤 했던 가수처럼) 학생이 스윙을 할 때 특성 방식으로 근육을 긴장시키고, 불필요한 움직임을 뒤섞는 것을 볼 수 있을 것이다.

이것은 여러 해 동안 실력을 기르려 애를 쓰지만 늘 제자리를 맴도는 수많은 학생들의 이야기이기도 하다. 그들은 계속해서 경기의 부분적인 요소들만 바로잡으려 애쓸 뿐 자신의 몸이 어떻게 기능하며 이것이 경기력에 어떻게 영향을 미치는지에 대해서는 이해하려 하지 않는다. 그들은 자신이 단지 제대로 된 동작을 배우지 못했을 뿐이라고 믿으며, 실패의 원인에 대한 이해 없이 그저 맹목적으로 연습을 계속한다. 여러 운동선수들도 이런 실수를 저지르는 것은 마찬가지다. 새로운 기술을 배움으로써 이 덫에서 빠져나가려 해봐야 소용 없다. 왜냐면 그들이 처한 어려움은 사실 자기 안에서부터 시작된 것이기 때문이다. 그러므로 이후 이어지는 노력들이 헛되지 않으려면 우선 자신의 부적절한 행위 방식을 바로잡아야 한다.

2. 잘한다고 해서 잘 가르치는 것은 아니다

교사가 해야 할 일은 학생에게 노하우를 전수하는 것이고, 어떤 기술을 잘 실행할 수 있으면 잘 가르칠 수 있는 능력도 있을 거라는 잘못된 믿음이 널리 퍼져 있다. 교사들은 학생이 무엇을 '해야' 하는지에 대한 지시를 충실히 따르면 기술을 습득하게 될 거라 생각한다. 그들도 이렇게 배웠기 때문이다. 교사는 학생에게 공을 치라고 코트 건너편으로 계속 공을 보

내면서 "라켓을 더 뒤로 빼요." "공으로 더 다가가요! 어깨 낮
추고!" 하고 외친다.

하지만 이런 접근 방식에는 치명적인 결함이 있다. 많은 전
문가들이 그렇듯 교사는 아마 이런 기술에 대한 재능을 타고
났을 수도 있다. 이는 그가 기술을 온전히 구사하는 데 필요
한 어떤 습관들을 이미 갖추고 있었기 때문에 쉽게 배울 수
있었다는 의미다. 하지만 교사는 모든 학생이 이런 자질을 이
미 갖추고 있다고 가정해서는 안 된다. 학생은 교사 자신에게
는 없었던 해로운 습관들을 갖고 있을지도 모른다. 그래서 교
사의 학습과정에서 도움이 되었던 방식이 곧장 학생에게도
먹히는 것은 아니다.

예를 들어 발성을 가르치는 교사가 높고 우렁찬 소리를 내
는 데 어려움을 겪는 학생을 가르치며 "배에서 소리를 내라"
고 지도한다고 해보자. 이 경우 목표는 학생이 복부의 근육
들을 더 사용하여 발성을 잘할 수 있도록 돕는 것이다. 하지
만 대개 교사는 (자신을 포함해) 능숙한 가수의 상태를 기준으
로 자신이 전달하는 가르침의 유용성을 판단한다. 배로 소리
를 내라는 지시가 성공적으로 실행되려면 갈비뼈와 등이 이
미 자유로운 상태여야 한다. 어쩌면 교사는 배울 때 이미 이
런 조건들을 갖추고 있었는지도 모르지만, 학생은 지금 아마
등이 구부정하고 갈비뼈가 너무 긴장된 상태일지 모른다. 그
래서 배로부터 소리를 내라는 지시가 완전히 잘못된 지도 방
식일 수 있고, 이런 지도 방식을 따라서는 아무런 발전이 없

을 수도 있다. 이런 식의 가르침은 학생이 현재 자신의 습관
에 의해 꽉 막힌 상태에 있을지라도 단지 교사의 제안을 따르
기만 하면 유익한 것을 배울 수 있다는 잘못된 가정에 기초해
있다.

대부분의 교사들은 학생이 현재 어떤 지시를 제대로 수행
할 수 있는 상태에 있는지 어떤지에 대해서는 별로 주의를 기
울이지 않는다. 또한 자신의 습관을 고려할 필요가 별로 없었
기 때문에 지금 학생이 가진 (해로운) 습관을 의식하지도 못
한다. 그래서 많은 교사들이 누군가를 가르칠 때 지금 배우는
기술과 직접 관련 있는 요소들만 생각할 뿐 학생이 그것을 어
떻게 배울지에 대해서는 고려하지 않는 것이다. 또한 학생이
이미 해로운 습관을 갖고 있을 때 무언가를 하라고 주문하는
것은 필연적으로 학습을 방해하고, 오히려 실패로 이어지는
그 습관만 강화시킨다는 점을 깨닫지 못한다. 그 결과, 교사는
학생이 실패하는 이유를 제대로 알지도 못하면서 실패의 원
인이 자신의 지도를 잘 따르지 못하는 학생의 무능력에 있다
고 결론지어버린다. 이로 인해 너무나도 빈번히 교사는 가르
침에, 학생은 배움에 실패한다.

이는 훌륭한 가수에게 노래를 그렇게 잘 부르는 비밀이 무
엇인지 물어도 그들이 자신의 능력을 제대로 분석하지 못하
거나, 다른 이들을 잘 가르치지 못하는 이유이기도 하다.[1] 사
실, 뛰어난 운동선수나 가수들이 가르치는 데는 몹시 서툰 경
우가 많다. 왜냐면 이들은 평범한 사람들이 겪게 마련인 여러

가지 어려움을 고민할 필요가 없었기 때문이다. 재능을 갖고 있다는 것이 꼭 이 재능에 이르는 지식을 갖고 있다는 의미는 아니다. 이런 이들이 신체 조건이 악화되거나 시간이 흐르면서 잘못된 습관이 몸에 배면 그 습관을 바로잡는 데 어려움을 겪게 된다. 문제를 겪고 바로잡으면서 배워온 사람에 비해 문제에 대한 이해와 자각이 부족하기 때문이다. 이런 이유로 실력을 잃게 되는 사람들이 너무나 많다.

물론 (발성 교사의 사례에서처럼) 교사들은 종종 학생에게 무언가 문제가 있음을 인식한다. 하지만 '무언가' 문제가 있다는 것을 아는 것과, '무엇이' 문제인지 아는 것은 차원이 다르다. 앞서 우리는 라켓을 휘두를 때 몸의 중심이 무너져 등이 굽고 어깨가 올라가는 학생의 사례를 살펴보았다. 이 모든 문제들은 사실 몸 전체의 긴장 패턴에서 발생한 것이다. 어쩌면 교사가 이런 습관 중 한두 가지를 인식할 수 있을지 모르지만,[2] 이 부분적인 오류가 사실은 전체적인 움직임 패턴의 일부라는 것을 인식하지 못하는 한 이 오류를 바로잡지는 못할 것이다. 교사가 학생의 잘못된 습관을 인지하더라도 이 습관이 전체적인 움직임 패턴의 일부임을 이해하지 못하기 때문에 이 습관 때문에 생겨나는 문제를 제대로 다루지 못하는 것이다. 이 난관을 극복할 수 있는 방법을 찾으려면 그 특정 습관만 파악하는 것이 아니라, 근육계와 이 근육들이 몸의 전체 구조에서 어떻게 기능하는지에 대한 실용적인 지식과 앎이 필요하다.

3. 습관이 목표에 이르는 수단이 될 때

이제 습관적인 방식으로 움직이면서 목적을 이루려고 애쓸 때 어떤 문제가 발생하는지 살펴보자. 백핸드 스트로크를 마스터하려 노력하는 경우에서 보았듯이 교사와 학생은 모두 정확한 신체 동작을 반복하면 목표를 이룰 수 있다고 믿는다. 일상생활에서 우리가 마음먹은 대로 곧장 할 수 있는 손쉬운 일들의 경우는 그 믿음이 틀리지 않지만, 백핸드 스트로크 같은 동작을 배울 때는 상황이 다르다. 지금 학생에게는 이 지시를 수행할 능력이 없지 않은가. 그래서 이런 방식의 접근은 대개 실패로 이어질 수밖에 없다.

핵심은 아주 기초적인 것이지만 쉽게 간과되곤 한다. 우리가 놓치고 있는 것은, 우리의 모든 행동이 자기 자신이라는 수단을 통해 이루어진다는 사실이다. 그리고 우리가 여기서 기억해야 하는 점은 몸에 밴 끈덕진 습관들도 자기 자신의 일부라는 점이다. 많은 교사와 학생들은 이러한 사실을 그저 희미하게만 인식하고 있어, 우리가 불완전한 도구를 가지고 무언가를 행한다는 사실을 깨닫지 못한다.[3] 앞서 생각-운동에서 살펴보았듯이 우리가 하는 행위는 정신이나 의지의 지령을 수행하는 순종적인 '몸'에 의해 마법처럼 일어나는 것이 아니라, 우리의 습관이라는 수단을 통해 일어난다.

하지만 습관은 무의식적으로 작동하기 때문에 우리는 대개 자신의 습관을 별로 인식하지 못한다. 걷겠다고 마음먹으면 어떻게 걸어야 할지에 대해서는 생각하지 않아도 된다. 이런 동작을 행하기 위한 수단이 이미 습관이라는 형태로 우리 안에 세팅되어 있기 때문이다. 이 습관 덕분에 우리는 걷기, 전화 받기처럼 단순한 동작을 마치 마트에서 원하는 물건을 고르듯 쉽게 해낼 수 있다. 그저 원하는 목표를 생각하기만 하면 될 뿐, 그것을 행할 방법에 대해서는 고려하지 않아도 되는 것이다.

사실 테니스 초보자가 라켓을 특정 방식으로 휘두르고자 애쓰는 것은 우리가 평소 일상생활을 할 때 움직이는 방식과 같다. 즉 자신의 몸에 밴 습관과 별개로 어떤 목표가 존재하는 것처럼 가정하고 행동하는 것이다. 하지만 아무리 애를 쓴다 해도 몸에 밴 습관적인 긴장 패턴이 움직임을 방해하기 때문에 결국 실패로 끝난다. 이를테면 스윙할 때마다 계속 어깨를 들어올리는 습관이 있으면서 잘못된 스윙 동작을 교정할 수 있다고 믿는 것은 우스꽝스러운 일이다.

그런데 학생도 교사도 대개 이 점을 간과한다. 학생은 자신이 실패하는 이유가 아직 제대로 된 스윙을 배우지 못했기 때문이라고 생각한다. 사실, 학생은 제대로 된 스윙을 배울 수 없다. 왜냐면 자신의 습관이 학습을 가로막는 장벽이 되고 있기 때문이다. 다시 말해 공을 정확히 맞추어 반대편 코트로 보내는 것은 (이것이 일차적으로는 정확한 라켓 각도로 공을 맞추는 문제처럼 보이긴 하지만) 우리의 습관과 별개의 것이 아니라 긴밀하게 연관된 문제인 것이다.

이 주제는 우리가 활동에서 어떤 요소에 주의를 기울여야 하는지에 대해 앞서 논의했던 내용과도 밀접한 관련이 있다. 우리는 가만히 놓여 있는 컵에 손을 뻗는 것과 빠르게 움직이는 컵을 잡는 것의 차이를 구분했다. 뭔가를 집기 위해 손을 뻗을 때는 사물에 대한 '주의'와 손의 움직임을 제어하기 위한 '인식 피드백'이 필요했다. 정지된 컵을 집기 위해 팔의 움직임을 조절하는데 이 주의와 인식 피드백이 즉각적이고 섬세하게 조율되어 있을 필요는 없었던 반면, 움직이는 컵에 팔을 뻗을 땐 빠르고 즉각적인 인식 피드백이 필요하다. 사물이 어디에 있는지 파악하고 거기에 맞게 팔의 움직임을 빠르고 정확하게 조절해야 하기 때문이다. 이는 움직이는 사물에 손을 뻗는 것이 정적인 사물에 손을 뻗는 것보다 더 정밀한 동작을 요구한다는 것을 의미한다. 복잡한 기술을 수행하는 데는 인식의 조절뿐만 아니라 몸의 협응도 매우 중요한 요소인 것이다.

정적인 사물에 손을 뻗을 때는 운동신경이 없거나 술에 취해 움직임이 부정확한 사람도 물체를 쥐는 데 별 어려움이 없지만, 움직이는 사물의 경우 습관적이고 불완전한 움직임은 이 동작을 성공적으로 수행하는 데 방해가 된다. 잘못된 방식의 습관적인 움직임과 동작이 기술 수행을 방해하기 때문이다. 다시 말하자면 몸의 부적절한 협응은 단순한 일상적 활동을 하는 데는 그다지 장애가 되지 않지만, 복합적인 기술을 성공적으로 수행하려면 몸의 적절한 협응이 필수적이다. 바로 이 점이 능숙한 사람들의 행위가 왜 애씀 없이 자연스러워 보이는지, 왜 이것이 기술 숙달의 핵심적인 요소인지를 말해 준다.

공을 친다는 것은 무엇을 할 것인가만이 아니라 무엇을 하지 '않을 것인가'의 문제이기도 하다. 사례에서 보았듯이 백핸드 스트로크를 칠 수 있는 능력은 습관과 분리되어 있는 것이 아니라 오히려 자신의 습관과 밀접하게 연결되어 있다. 나쁜 습관은 기술 수행과 동떨어져 있지 않다. 오히려 이 습관들은 우리의 모든 학습 과정에 영향을 미친다. 습관이 있다는 것은 우리가 습관적으로 '움직인다'는 의미다. 그 때문에 자신의 습관을 제어할 수 있을 때 우리는 비로소 자신의 학습 과정을 장악할 수 있게 된다.

4. 과정에 주의를 기울임으로써 목표를 이루기

자 그럼, 다르게 스윙하는 법을 배우려면 어떻게 해야 할까? 우리는 어떻게 다르게 움직이는 법을 배울 수 있을까? 일단 현재 동작이 어설프기 때문에 우선은 바른 동작을 하려고 직접적으로 시도하는 것을 포기해야 한다. 그 대신 목표에 이르기 위한 적절한 움직임을 단계별로 다시 배우는 방식으로 우회적인 접근을 해야 한다.

목표를 이루는 데 습관이 어떤 역할을 하는지 고려해볼 때 문제는 다음과 같다. 목표에 대한 관심은 우리 안에서 습관적인 행위 방식 또는 '몸의 사용 방식'을 작동시킨다. 이것은 기존의 낡고 어설픈 동작을 강화한다. 그러므로 결과에 신경 쓰는 것은 어떤 동작을 배우려는 노력에 치명적인 악영향을 미친다. 학생은 목표에 대해서는 신경을 끄고 과정에 온 주의를 기울여야 한다. 이는 그저 목표에 대해 생각하지 않음으로써가 아니라 동작을 구성하는 부분적인 요소들에 관심을 기울임으로써 가능하다. 최종 목표가 아닌 여러 '중간 목표들'에 주의를 기울임으로써 자신의 낡은 습관들을 우회하고, 새로운 방식으로 움직일 수 있게 된다. 핵심은 목표를 이루려면 우회적으로 접근하여 그 목표에 이르는 각 단계들에 주의를 기울여야 한다는 것이다.[4]

이 과정을 구체적으로 설명하자면, 테니스 교습생에게 필요한 첫 단계는 몸 전체가 제대로 움직이는 데 필요한 신체적 재조율 과정을 거치는 것이다. 그리고 이렇게 조율된 상태를 유지하면서 몸의 전반적인 자세에 대해 배우고, 라켓을 쥐고, 들어올리며, 공을 치는 등 스윙하는 과정을 단계적으로 배워가야 한다. 여기서 학생은 시종일관 앞에 놓인 구체적인 과제에 주의를 기울이되 목표에 대해서는 신경을 꺼야 한다. 이렇게 우회적으로 필요한 절차를 밟아가다 보면 목표는 자연스럽게 이루어지기 때문이다. 그 과정에서 인체의 향상된 협응 상태에 익숙해지고, 결과에 대해서는 신경 쓰지 않되 과정에 주의를 기울임으로써 학생은 자신이 언제 낡은 긴장 패턴에 빠지는지 인식하는 법을 배워야만 한다.

이 전체 과정은 전적으로 낡은 습관의 작동을 억제하는 멈춤의 원리에 기반해 있다. 멈춤은 목표를 성취하는 데 필요한 단계들을 밟아가는 발판이 되어준다. 습관적인 행위를 멈추면 몸이 움직임에 적절한 조율 상태를 유지할 수 있고, 애씀 없이(또는 적어도 전보다 더 편안한 방식으로) 움직일 수 있어, 어려운 작업을 더 편안하고 자신 있게 처리할 수 있게 된다. 이때 우리는 부적절한 습관적인 행위를 예방하며 단계별로 자신의 동작을 분석하고 다시 학습하면서 주로 자기 자신에게 주의를 기울일 뿐, 라켓을 바르게 휘두르는 법에 대해서는 신경쓰지 않는다.

이는 학생에게 직접적으로 해야 할 무언가를 주면서 가르치는 기존의 교육 방법과는 완전히 다른 방식이다. 통념적인 관점에서 봤을 때는 아직 아무것도 배운 게 없어 보일지도 모른다. 기술에 필요한 내용을 충분히 다루지 않는 것처럼 보이기 때문이다. 자기 자신에 대해 배우는 것이 표면적으로는 기술을 실제로 어떻게 수행하는지에 대한 내용을 다루지 않는 것처럼 보일 수 있지만, 해로운 습관이 작동하는 것을 방지함으로써 기술 수행에 대한 진정한 이해를 돕는다. 움직이는 방식을 다시 배우는 것은 자신을 제한하는 습관을 다루는 과정을 필요로 하며, 사실 이 과정은 무엇을 '어떻게' 행할 것인가에 대한 이해를 이미 내포하고 있다.

이 말은 학생이 기술을 수행하는 데 필요한 세부적인 지식을 학습하지 않아도 된다는 의미가 아니다. 또한 해로운 습관만이 학습을 방해하는 유일한 요인이라고 지적하는 것도 아니다. 앞서 살펴보았듯이 재능, 사고력, 운동신경, 정신적인 태도, 훈련의 부족이 배움에 실패하는 요인이 될 수도 있다. 하지만 우리는 이런 특수한 요소들은 부차적인 것들로 여기고 자기 자신에게 주의를 기울인다는 원칙을 우선시해야 한다. 목표로 하는 기술 수행 능력은 직접적인 애씀이 아니라 수단과 결과에 대한 이해에 바탕을 두고 지성적으로 짜인 과정을 밟아가는 가운데 자연스레 생겨나는 것이어야 한다. 배움에서 중요한 것은 '옳은 듯' 보이는 것을 하려고 맹목적으로 애쓰는 것이 아니라, 이해와 지성을 배움의 과정에 의식적으로 적용하는 것이다.

습관이라는 요소는 기술을 익히는 데 가장 결정적인 요소이지만, 우리는 배움에서 이 부분을 너무 경시한다. 뒤에서 사례를 통해 더 자세히 다루겠지만, 습관에 대한 이해는 학생으로 하여금 방해가 되는 장애물들을 다루고 지속적으로 발전할 수 있게 해준다. 궁극적으로는 이 이해가 모든 배움이 의존하고 있는 핵심적인 도구, 즉 자기 자신을 의식적으로 사용할 수 있는 능력을 길러주기 때문이다.

7장

행위 속의 무위

자세에 주의를 기울이는 소수의 무술가와 음악가들을 제외하면
대부분의 사람들은 무의식적으로 자세를 취하고 몸을 움직인다.
하지만 어떤 기술을 숙달하는 데 가장 중요한 요소는
특정한 동작들이 아니라 오히려
몸의 움직임을 적절한 방식으로 제어할 줄 아는 것이다.

1. 불안해하는 운전 교습생

지금까지 다룬 내용에서 중요한 점들을 되짚어보자.

첫째, 배울 때 우리는 대개 올바른 동작을 반복하는 데만 과도하게 초점을 맞추느라 실험하거나 시도하는 데는 별로 주의를 기울이지 못한다. 하던 것을 멈추고, 동작을 세분화해 문제에 대해 충분히 생각해보며 배울 기회를 가지기보다 '올바르게 하려고' 애만 쓰는 것이다. 둘째, 기술의 많은 부분은 행위보다는 인식과 관련 있으며, 이는 능동적이기보다는 대개 수용적인 요소라고 할 수 있다. 예를 들어, 공을 치려면 그저 방망이만 휘두른다고 되는 것이 아니라 우선 공을 보면서 자신의 스윙을 조절해야 한다. 셋째, 기술을 수행하는 데는 기법과 매뉴얼보다도 그것을 수행하는 나 자신이 핵심적인 역할을 한다. 그래서 뭔가를 할 때는 자기 자신을 제어할 줄아는 능력이 필요하다는 것을 살펴보았다. 이것은 기술을 학습하는 데 가장 근본적인 요소이지만, 또한 우리가 가장 간과하고 있는 부분이기도 하다. 인간이 어떻게 배우는가에 대한 우리의 이해에 이 마지막 요소인 자기 자신을 포함시킨다면 교육에 대한 완전히 새로운 접근이 가능하다고 믿는다.

이제 여러 사례들 속에서 이러한 배움의 요소들을 구체적으로 적용해보자.

운전을 배우려고 하지만 늘 불안해하면서 도저히 운전을 못할 것 같다고 말하는 여성의 이야기로 시작해보자. 앞서 보았듯이 이러한 상황에서 교사는 보통 학생에게 운전을 해보게 하면서 가르치려 한다. 학생이 불안감을 표현하면, 교사는 안심시키고 지지해주며 두려움을 가라앉히려 할 것이다. 사실 대부분의 사람들에게는 이 방식이 먹힌다. 두려움에 압도되지 않아 배울 수 있는 상태에 있기 때문이다. 하지만 불안해하는 학생의 경우 이런 접근법은 오히려 상황을 악화시킨다. 실패하게 만드는 자극에 계속 노출시켜 문제의 원인이 되는 불안 심리를 자극하기 때문이다.

아는 것을 전달하려는 열정, 학생이 잘못하고 있는 것을 바로잡으려는 욕망, 학생을 안심시키거나 지지해주려 애쓰는 것이 오히려 문제를 악화시킨다. 이 때 교사는 자신이 해야 할 일이 학생의 학습 과정을 돕는 것이 아니라 해야 할 '옳은' 것을 보여주고 잘못된 동작을 바로잡는 것이라고 생각하지만 이 '올바른' 것들이 오히려 학생을 불안하게 만드는 또 다른

요인이 된다. 불안을 유발하는 자극에 노출시킴으로써 부정
적인 반응을 강화시키는 것이다. 보통 교사의 제안은 유용한
경우가 많지만 불안을 느끼는 학생에게는 오히려 걱정을 불
러일으키고 주의 집중을 방해하기 쉽다.

따라서 교사가 자신감을 떨어트리고 불안감을 높이는 상황
에 학생을 노출시키면서 동시에 학생에게 민감하게 반응하며
상황을 개선해보려는 것은 사실 역효과만 낳는다. 이 때 학생
은 상황에 허둥지둥 뛰어드는 경향이 있는데, 이런 행동은 그
저 불안만 증폭시킨다. 이런 상황에서는 운전을 가르치기보
다 오히려 운전을 하지 '않도록' 해야 한다. 교사가 해야 할 일
은 학생의 행동을 교정하는 것이 아니라, 학생 스스로 실험을
하면서 배울 기회를 주는 것임을 알아야 한다. 이렇게 하려면,
교사는 학생에게 해로운 영향을 미치는 요소들을 제거한 학
습 환경을 만들거나, 최소한 학생이 이런저런시도를 해볼 기
회를 제공해야 한다.

어떻게 해야 교사가 이런 환경을 만들어줄 수 있을까? 첫
째, 학습 환경이 가능한 단순해야 한다. 교사는 학생들이 대부
분 도로에서 주행하며 배우는 데 별 어려움을 느끼지 못하기
때문에 모든 학생들이 그럴 거라 생각한다. 하지만 불안해하
는 학생을 위한 더 합리적인 접근 방식은 거리로 나가는 것이
아니라 먼저 빈 주차장에서 운전을 가르치는 것이다.

둘째, 운전을 '제대로' 해야 한다는 강박을 갖지 않아도 되
는 연습을 하게 해서 긍정적인 학습 경험을 먼저 하도록 만들

어야 한다. 운전대를 잡았을 때 패닉 상태에 빠지는 초보 운전자들은 차의 속도가 붙을수록 당황하여 통제 불능 상태가 되어버린다. 이런 상황이 벌어지기 전에 교사는 학생이 혼란을 느낄 만한 요소들을 없애야 하는 것이다.

가령, 기어를 넣으면 차는 저절로 움직인다. 이 때 학생에게 브레이크 페달에 발을 올려놓으라고 하고 기어를 넣은 뒤 발의 힘을 점점 빼다가 다시 페달을 누르는 동작을 해보게 할 수 있다. 이는 차를 앞으로 전진시키고 멈추게 하는 기술에 익숙해지게 돕는다. 브레이크 사용법을 배우는 기회이기도 하다. 이렇게 구조화된 작업은 무언가를 '해야 한다'는 의무감에서 학생을 해방시킨다. 브레이크 작동법에 익숙해지면, 다음에는 차가 움직일 때 핸들을 돌려보게 할 수 있다. 차가 움직이게 놔두고 그저 핸들만 돌려보는 것이다. 이 과정 또한 잘 짜여 있어 여기엔 학생이 불안해하거나 걱정할 만한 요인이 별로 없다. 이 과정을 통해 학생은 자신이 차가 움직이는 동안 편안하게 차를 제어할 수 있음을 발견할 것이다. 브레이크를 사용하고 핸들을 돌리는 데 익숙해지면, 이제 가속 페달 밟는 법을 배울 수 있다. 이 또한 단계적으로 할 수 있다. 먼저, 학생에게 가속 페달을 밟아보게 한 뒤 차가 어떻게 반응하나 관찰하게 한다. 그 뒤엔 가속 페달을 밟으면서 핸들을 살짝 돌려본다. 그리고 마지막으로 주차장을 돌면서 자신이 원하는 방향으로 가본다. 자신이 운전을 하고 있는 줄 미처 깨닫지 못하겠지만 학생은 지금 운전을 하고 있다. 구분되고 잘 짜인 단계들을 거쳐 마침내 운전을 하게 되는 지점에 이른 것이다.

다루기 쉬운 단계를 밟으면서 배울 수 있었기 때문에 학생에게 별로 걱정할 거리가 없었다는 점에 주목해보라. 우리는 대개 학생들이 두려워하건 말건 뭐든 하다 보면 결국 무언가를 배우게 될 거라 가정하고, 그래서 대개 실패로 이어지는 학습 환경을 조성한다. 하지만 이 방법이 먹히지 않을 경우, 감정적인 지원이나 가르치려 드는 것 외에 학생들을 도울 다른 방법을 알지 못한다. 교사들은 학생이 지금 겁에 질려 있는지조차 잘 인식하지 못한다. 그래서 자신이 가르치는 방식을 다시 검토하고 수정하려고 하지도 않는다. 하지만 불안해하는 학생들의 경우 학습 요소들을 명확히 구분된 단계들로 제시하는 지혜로운 교사가 필요하다. 모든 의무감에서 해방된 상황에서 브레이크 밟기, 핸들 돌리기, 액셀 밟기 등 차를 다루는 개별 요소들을 온전한 자유와 자신감을 갖고 터득할 수 있다. 이 과정의 핵심은 단지 학생에게 정서적인 지지를 주는 것이 아니라 학습 환경을 잘 구조화하는 것이다.

하지만 이런 구조를 만들기 위해서는 창의성과 명료함이 필요하다. 교사는 각 단계에 대한 정확한 지시를 주는 방식으로 학생의 학습과정을 도와야 한다. 처음엔 이런 접근법이 너무 엄격하거나 통제하는 것처럼 보일 수도 있지만, 사실 이는 필요한 과정이다. 왜냐하면 이것이 학생에게 실험의 자유와 학습의 틀을 주어, 스스로는 찾기 어려울 수 있는 것을 발견할 수 있게 해주기 때문이다. 이 과정이 잘 구분되어 짜여 있으면 학생이 불안을 느낄 만한 요인이 별로 없다. 제대로 해내야만 하는 것이 없으니 잘못하는 것에 대한 불안도 사라지는 것이다. 하지만 이 과정에서 학생은 운전에서 배워야 할 것들을 전부 배우고 자신감도 쌓을 수 있다.

이렇게 기본 기술을 다 배우면 다음 단계에서는 평행 주차나 교통 체증 상황에서의 운전 등 학생에게 불안을 일으키는 작업을 제시해볼 수 있다. 평행 주차의 경우 주차 공간으로 들어가기 전에 언제 핸들을 꺾어야 하는지, 또 언제 반대 방향으로 꺾어야 하는지 판단해야 하는 시점에서 쉽게 혼란을 느낀다. 여기서 교사의 역할은 학생이 당황하기 시작할 때 이를 알아차리고, 즉시 학생을 멈추게 하는 것이다. 학생이 왜 멈추어야 하는지 납득하지 못하거나 심지어 저항할지라도, 교사는 나중에 그 이유를 알게 될 거라고 설명하고 이 결정을 고수해야 한다.

이 지점에서 교사는 학생을 차에서 내리게 한 뒤 바퀴가 돌아간 방향을 관찰하게 한 후 다음에 어떻게 해야 할지 물어볼 수 있다. 학생이 운전석으로 돌아와 자신의 생각을 실행으로 옮기면서 다시 당황할 수도 있다. 하지만 학생은 주차 과정 중간에 멈춤으로써, 교사가 작업을 세분화해 자신이 혼란에 빠지기 전에 각 단계들을 명료하게 생각해보게 하려 했음을 알게 될 것이다. 이는 결과에 대한 걱정에서 해방시키고, 강박적으로 반응하기 이전에 자신이 무엇을 해야 할지 생각할 수 있게 한다. 즉 어떤 상황에 대한 불안 반응에 압도당하기 전에 멈춤으로써 상황을 다룰 수 있는 단계들로 세분화할 수 있게 되는 것이다.

멈추게 하는 것은 불안감이 높은 학생들을 가르칠 때 기억해야 할 핵심 요소다. 종종 이렇게 멈추게 함으로써 목표에 대한 부담감과 불안을 일으키는 원인을 내려놓는 경험을 하게 할 필요가 있다. 문제 상황을 차분하게 받아들이기 힘든 감정 상태에 있는 이런 학생들이 오히려 계속 좌절감만 맛보면서도 맹목적으로 애쓰는 방식을 고집할 수 있다. 두려움이 자꾸만 실패로 이어지는 바로 그 행동을 고집하게 만들기 때문이다. 이 점에서 학생의 가장 큰 적은 바로 자기 자신이라고 할 수 있다.

이런 악습관의 해독제는 '멈춤'이다. 학생이 두려움에 사로잡히는 것을 보는 순간, 교사는 학생을 패닉에 빠져들게 하는 그 행위를 멈추게 해야 한다. 이렇게 함으로써 학생이 운전의 여러 단계들을 단순하고 다뤄볼 만한 방식으로 배울 수 있게 도울 수 있다. 이는 또한 학생에게 자신의 반응을 더 잘 제어하는 법을 가르치는 것이기도 하다.

학생은 어느새 자신이 운전에 능숙해졌음을 발견하게 될 것이다. 앞으로 마주할 또 다른 도전과제에 대한 기대감에 신이 나 있을 수도 있다. 이후로도 종종 당황하는 일이 일어날 수 있지만, 문제를 인식하고 스스로 멈추어 이를 다룰 수 있게 된다면 학생은 자신감을 회복해 교통 체증이나 더 까다로운 상황에서도 능숙하게 운전할 수 있게 될 것이다.

이런 교육 방식에서 주목할 점은 우리가 통상 생각하는 '가르침'이 여기서는 필요하지 않다는 점이다. 기존의 방식대로라면 교사는 학생이 무엇을 할지 가르치고 잘못한 것이 있으면 바로잡으면서 학생을 지도하고 달래느라 바쁠 것이다. 이와 반대로 구조화된 학습 환경은 고지식해 보일 수 있다. 하지만 우리가 살펴본 대로, 학생을 격려하거나 계속 가르치려 해봐야 불안해하는 학생이 (때로는 차분한 학생도 마찬가지로) 알아야 할 내용을 스스로 발견할 기회를 주지는 못한다. 이렇게 해서는 진정한 배움이 일어날 수 없다. 반면 운전 기술 자체에 대해서는 아무런 가르침을 받지 않더라도 학생은 알아야 할 모든 것을 배울 수 있다. 학습 상황을 구조화하는 것이야말로 교육자를 해방시킴과 동시에 학생의 학습 과정을 존중하는 방법이다.

2. 애쓰는 테니스 교습생

관찰 vs 행하기

이번엔 백핸드 스트로크를 배우려 하지만 공을 칠 때마다 몸을 자꾸 뒤로 젖히는 습관이 있어 공을 비껴 맞추는 초보 테니스 교습생의 사례를 살펴보자. 공을 치는 적절한 방법을 모른다고 생각하기에 이 학생은 스윙하는 법을 보여줄 전문가를 찾아 헤맨다. 교사는 학생에게 공을 쳐보라고 하고, 스윙 교정을 해준다. 그리고는 공을 쳐 보내면서 "라켓을 뒤로 빼요" "스윙을 이렇게 해요" 하고 계속 외치며 학생을 가르친다. 하지만 우리가 보았듯이 이렇게 해봐야 학생은 평소처럼 계속 공을 비껴 맞추기 때문에 별로 실력이 늘지 않는다. 학생은 어떤 행동을 하는 자신의 낡은 방식만을 고집하지만 이런 노력들이 무용하다는 것을 모른다. 새로운 방법을 배우려면 우선 학생은 자신이 무엇을 하고 있는지 스스로 관찰하고, 그것을 멈추어야만 한다.

티모시 걸웨이는 『테니스 이너게임』[1]이라는 책에서 재미있는 일화로 이 문제를 유쾌하게 풀어낸다. 백핸드가 도무지 나아지지 않아 어려움을 겪는 어떤 기업 간부가 그에게 도움을 청해왔다. 다섯 명의 프로선수들에게 조언을 구했는데 다들 한결같이 그더러 팔을 뒤로 뺄 때 너무 높이 들어올린다는 말을 해주었다고 한다. 하지만 아무리 해도 팔을 낮출 수가 없어 골머리를 앓아왔다고 했다. 걸웨이는 이 문제가 불가해한 현상 같다고 말한다. 큰 기업을 경영하는 한 사내가 자신의 오른팔도 제어할 수가 없다고 말하고 있기 때문이다. 자신의 팔을 올리는 사람이 바로 자기 자신임을 안다면, 왜 그저 팔을 낮추지 못하겠는가?

걸웨이가 책에서 지적하듯, 그 이유는 아주 명백하지만 대개는 간과하는 것이다. 원인은 그가 팔을 내릴 수 없기 때문이 아니다. 그가 팔을 움직이는 능력에는 아무런 문제가 없다. 문제는 그가 자신의 팔이 너무 높이 올라간다는 사실을 실제로는 모른다는 것이다. 거울로 자신의 스윙을 관찰하도록 했을 때, 그는 자신의 팔이 높이 올라가는 것을 보고 깜짝 놀랐다. 이는 그동안 자신이 무엇을 하고 있는지 머리로만 이해했을 뿐 실제로는 인식하지 못하고 있었음을 말해준다. 자신이 무엇을 하고 있는지 스스로 보고 인식하기 전까지 그에겐 다른 선택의 여지가 없었던 것이다.

잘못하고 있는 무언가를 바로잡을 때 필요한 첫 단계는 지금 우리가 무엇을 하고 있는지 '보는 것'이다. 어두운 곳에서 단추를 다느라 어려움을 겪고 있다면, 이 실패의 원인이 자신의 무능력 때문이라고 판단해서는 안 된다. 그런데 저 테니스 교습생이 처한 상황이 이와 같다. 학생은 공을 치는 데 어려움을 겪고 있지만, 자신이 정작 어떻게 하고 있는지 직접 관찰하지 않고 '올바른' 스트로크에 대한 생각에 사로잡혀 모방에만 애쓰면서 스트로크를 제대로 해내지 못하는 자기 자신을 비난하고 있는 것이다. 걸웨이가 지적하듯 이 문제의 해결책은 자신이 실제로 무엇을 하고 있는지 관찰하는 것이다.

하지만 어떤 행동을 할 때 우리가 실제로 무엇을 하고 있는지 관찰하는 것이 쉬운 일은 아니다. 테니스 라켓으로 스윙을 할 때 일어나는 일들이 너무 많아 세세한 것들을 인식하기 어렵기 때문이다. 그래서 학생이 자신의 모습을 관찰할 수 있으려면, 교사는 이 상황을 단순화해야 한다. 백핸드 스트로크의 경우, 학생더러 벽에 공을 튕겨보라고 하는 것이 적절한 접근 방식일 수 있다. 공을 칠 준비를 할 때 자신의 라켓이 어디에 위치하며, 볼이 라켓에 맞을 때 라켓과 공이 어떻게 맞는지 (그것을 바꾸려 하지 말고) 그저 관찰해보라고 하는 것이다. 공을 칠 때 라켓이 비스듬히 기울어진 상태인지 평평한 상태인지, 공이 라켓의 가운데 맞는지 가장자리에 맞는지를 확인하게 하는 것이다.

이렇게 물으면 학생은 제대로 하려 애쓰는 데서 주의를 돌려 자신이 지금 무엇을 하고 있는지 관찰하는 데 초점을 둘 수 있다. 그럼 아마 처음으로 무언가 잘못되었다는 판단이 아니라(이런 판단은 결국 학생들을 더 열심히 하게 만들 뿐이다), 자신이 실제로 무엇을 하고 있는지 또 그것이 공을 치는 데 어떤 영향을 미치는지에 대한 '사실'만을 경험할 수 있게 될 것이다. 그리고 자신의 오래된 패턴, 즉 올바른 스트로크를 하려 애쓰는 습관으로 되돌아가지 않는다면 학생은 이 과정을 통해 저절로 스윙을 바로잡고, 공을 제대로 치는 법을 발견하게 될 것이다.

우리가 관찰하는 데 어려움을 겪는 이유는 우리에게 판단하는 습관이 있어 무언가를 '틀렸다'고 생각하기 때문이다. 학생은 판단하지 않고 그저 자신이 무엇을 하고 있는지 인식하는 법을 배워야만 한다. 관찰하기는 학생에게 새롭게 해야 할 무언가를 가르치진 않지만, 자신이 무엇을 하고 있는지 봄으로써 지성적으로 행동을 수정하여 자연스레 스윙을 바로잡을 수 있게 한다. 관찰을 통해 라켓을 움직이는 새로운 각도를 찾게 되는 것이다.

우리는 앞서 (라켓 스윙을 포함해) 모든 기술의 학습에는 동작을 실행하는 능동적인 요소만 있는 것이 아니라 관찰하기와 인식에 따라 자신의 움직임을 조절하는 법을 배우는 과정인 수용적인 요소도 담겨 있음을 살펴보았다. 멈추고 자신이 무엇을 하고 있는지 살펴볼 때 학생은 이런 수용적인 요소에 접속하게 된다. 교사가 이렇게 하라, 저렇게 하라 지시하는 것은 능동적인 요소만 강조하는 것이어서 지금 학생에게 필요한 수용적인 요소에 접속하는 것을 막는다.

우리가 이 사례에서 볼 수 있듯이, 이는 무엇이 잘못되었는지 판단하고 그것을 교정하는 교사의 전통적인 역할에 의문을 제기한다.(최소한 움직임이라는 분야에서는 그렇다.) 그렇다고 교사의 모든 지침이 틀렸다는 뜻은 아니다. 때로는 사소한 지시 사항이 바로 학생이 원하는 것일 수 있다. 하지만 교사의 지시는 흔히 학생 자신이 지금 무엇을 하고 있는지 관찰하는 데서 주의를 돌려놓기 때문에 실패로 이어지기 쉽다. 여기서 자신이 무엇을 하고 있는지 모르는 것이 문제의 전부는 아니다. '모른다는 사실을 알았다면' 아마 자신이 무엇을 하고 있는지 발견하려 했을 것이다.

하지만 대부분의 학생들처럼 이 테니스 교습생은 자신이 '알고 있다고 생각하고' 이 때문에 자기 자신을 관찰하려 하지 않는다는 데 문제의 핵심이 있다. 여기엔 부분적으로 교사의 책임도 있다. 학생에게 무엇이 잘못되었다고 지적함으로써 학생이 자신의 문제에 대해 이미 '알고 있다'는 믿음을 심어주어 스스로 탐구하는 것을 방해하기 때문이다. 판단은 대개 무언가를 옳게 하려는 욕망과 결과에 대한 집착을 강화시키고 스스로 배울 수 있는 능력을 감소시킨다. 그래서 배움에서 교사의 제안은 도움보다는 해가 되기 쉽다. 이는 교사가 제안을 삼가고 학생이 스스로 배울 수 있도록 돕는 것을 일차적인 목표로 삼아야 하는 이유이기도 하다.

초심자는 아니지만 헛된 노력에 잘 빠져들곤 하는 학생이 있다. 그는 무엇이 옳고 그른지에 대한 관념으로 계속 자신을 판단할 뿐만 아니라 오히려 잘못된 것을 열심히 행하곤 한다. 이 학생에게 멈추고 자신이 하고 있는 것을 관찰하라고 하면 코트에 나가 무언가를 '해보려는' 욕망 때문에 멈추라는 제안에 저항감을 보이기도 한다. 이는 자신이 무엇을 하고 있는지 이해하는 것보다 스트로크를 바로잡으려 무언가 새롭게 시도해보는 것이 더 기분을 좋게 하기 때문이다. 하지만 이렇게 적극적인 학생일수록 행위가 아니라 관찰하기를 통해 배워야 한다고 명료히 가르쳐주어야 한다.

왜 교사들은 학생에게 무엇을 해야 하는지 보여주는 게 효과가 없다는 걸 인지하지 못하는 걸까? 학생이 나아지지 않을 때, 교사는 연습 부족이나 재능 부족을 원인으로 여기며 교정이 더 필요하다고 생각한다. 이런 교수법이 성공으로 이어지지 못하더라도 이것이 교사에게 가르치는 방식에 대한 의구심을 품게 만들지는 못한다. 학생의 오류를 교정해주는 것이 교사의 역할이라는 맥락에서 가르치기 시작하면, 학생이 실패할수록 교사는 자신의 도움이 더 필요하다는 생각을 하게 되고, 결국 똑같은 교수법을 되풀이해 학생을 가르치게 되기 때문이다.

전통적인 교수법은 학생이 객관적으로 무엇을 잘못 했는지 알려준다는 측면에서 유용할지 모른다. 하지만 학생이 직접 문제와 '만나고' 이 문제를 더 키우는 것을 예방할 수 있게 하는 방식으로 돕지는 못한다. 자신이 실제로 무엇을 하고 있는지 인식하는 것은 변화에 필수적인 과정이다. 관찰을 통해 자신이 무엇을 해야 하는지를 알 수 있기 때문이다. 누군가를 모방하거나 교사한테 들은 내용을 습득하는 방식이 아니라 자기 자신을 관찰함으로써 문제에 대한 해답을 스스로 발견하는 학습 방식은 기계적인 학습 방식보다 더 단순하고 재미있다. 하지만 대개 학생들은 이렇게 배우지 않는다.

원리를 터득하기

앞서 우리는 백핸드를 아무리 제대로 치려 애쓴들 자신이 라켓을 어떻게 움직이고 있는지 몰랐기 때문에 변화가 일어나지 않는 경우를 살펴보았다. 이제는 공을 어떻게 칠 것인가라는 질문으로 넘어가보자.

지금까지 학생은 자신이 라켓을 휘둘러야만 공을 칠 수 있다고 생각하며 애써왔고 그것은 대부분 부정적인 결과를 낳았다. 공을 앞으로 보내려면 라켓으로 공을 쳐야만 한다는 믿음은 어쩌면 너무나 기본적인 것이라 대부분의 사람들은 이를 그저 당연하게 여길 것이다. 물론 공을 칠 때의 주요한 과제는 공을 정확히 제대로 맞추는 것이다. 하지만 초보자들이 몸을 뒤로 젖히는 버릇으로 인해 공을 비껴 맞추는 습관에 빠져들지 않게 하려면, (적어도 당분간은) 스윙을 하지 않도록 해야 한다.

하지만 스윙을 하지 않으면서 어떻게 공을 칠 수 있을까? 한 가지 방법은 공을 치는 것이 아니라 단지 공에 정확히 갖다 댄다고 생각하고 라켓을 실험적으로 움직여보는 것이다. 지금 학생은 반대편으로 공을 제대로 보내지는 못하지만 공의 궤적에 라켓을 갖다 대어 공을 맞출 수는 있다. 이제 교사는 학생에게 공을 앞으로 나가게 하는 것이 무엇인지 관찰해보라고 질문할 수 있다. 즉, 생각들을 전부 내려놓고 실제로 공을 나가게 하는 것이 무엇인지 '관찰하게' 하는 것이다. 이전과 같은 방식으로 스윙하면 라켓 면이 어디를 향하는지 정확히 인지하지 못하기 때문에 공을 제대로 맞추지 못한다. 하지만 이제 학생은 관찰을 통해 공을 맞추는 것에 대한 감을 잡았기 때문에 전보다 더 쉽게 공을 맞출 수 있게 된다. 그리고 공을 맞출 때 라켓은 그대로 두되 자신의 무게중심을 앞으로 이동하면 공을 힘 있게 때릴 수 있음을 발견한다. 잠시 뒤 학생은 안정적인 백핸드에 대한 감을 잡고, 벽에 대고 자유롭게 공을 칠 수 있게 될 것이다.

이 과정의 핵심은 학생이 평소 옳다고 생각하던 대로(즉 자신이 이해한 대로 라켓을 스윙하는) 행동을 하지 않는 것이다. 그런 행동은 늘 하던 움직임만 반복하게 만들고, 그러면 새로운 것을 발견할 기회를 놓치기 때문이다. 무작정 스윙하려 애쓰거나 평소 방식대로 공을 치지 않고 새로운 방식을 실험해보면, 무게중심을 이동함으로써 자연스레 공을 앞으로 보낼 수 있다는 사실을 발견할 수 있다.

마침내 학생은 라켓 면이 어디를 향하는지 알고, 공의 궤적에 라켓 면을 일치시키며, 공과 라켓이 접촉할 때 무게중심을 이동하는 법을 배움으로써 공을 치는 법을 터득했다. 학생에게 무엇을 해야 하는지 가르치지 않고, 일련의 스윙 동작을 보여주지도 않았다. "공으로 다가가세요." "라켓을 더 뒤로 빼세요." 이런 지시를 하며 동작을 교정하지도 않았다. 그저 자신의 움직임을 탐구하고, 공을 어떻게 맞추나 관찰하며, 어떻게 무게중심을 이동해 공을 나가게 할 수 있는지 발견하는 과정을 통해 학생 스스로 공을 치는 법을 알아낸 것이다.

여기서 학생은 '라켓으로 공을 맞출 때 몸의 중심을 이동하면 몸의 움직임에서 발생한 힘을 공에 전달할 수 있다' 그리고 '라켓으로 공을 치는 것이 아니라 오히려 라켓은 몸의 연장延長이며 라켓에서 공으로 전달되는 힘은 몸의 움직임에서 나온다'는 원리를 발견했다. 이런 과정을 통해 학생은 자신의 무게중심을 이동해 공을 치는 법을 터득한 것이다.

이것이 단순해 보일지도 모르지만 대부분의 학생들은 거의 모든 운동의 기본인 이 원리를 발견하지 못하고 넘어간다. 그러면 자신이 공을 치는 법을 알고 있다고 믿지만 사실은 이 단순하고 익숙한 스윙 동작의 구성 요소들을 명료히 이해하지 못한 것이다. 하지만 이제 학생은 자신이 원하는 결과만 생각하는 것이 아니라 그 결과를 얻기 위해 무엇을 해야 하는지 이해하게 되었다. 자신이 이전에 무엇을 하려 애써왔던 것인지 발견하기 시작했기 때문이다.

이 원리는 스포츠뿐만 아니라 우리의 모든 일상 활동에도 적용할 수 있다. 사람들은 물건을 들어올리거나, 도구를 다루는 일 같은 아주 단순한 활동에서도 그다지 지성적이지 못한 방식으로 움직이곤 한다. 그것을 해내려는 마음이 앞서 기초적인 역학 원리를 활용하는 것을 잊는 것이다. 의자를 들어올리거나 못을 박거나 나사를 조일 때도 몸을 덜 긴장시키고 효율적으로 움직일 수 있을 텐데 말이다. 맹목적으로 애쓰는 테니스 교습생처럼 우리는 대개 별 생각 없이 지나치게 애쓰는 방식으로 움직이곤 한다. 하지만 '관찰'과 '실험'을 통해 우리는 몸을 최대한 효율적인 방식으로 움직이고, 도구를 원래 고안된 방식대로 사용하며, 무거운 가구를 상대적으로 쉽게 옮기는 법을 배울 수 있다.

테니스 교습생은 원하는 만큼의 회전과 스피드를 내기 위해 여러 방식으로 라켓을 휘둘러보며 자신이 실험을 하고 있었다고 주장할 수도 있겠다. 또한 과거의 경험과 다른 사람들을 관찰하면서 얻은 스트로크 방식에 대한 여러 생각들을 갖고 있어 자신이 공을 치는 법을 알고 있다고 믿는다. 하지만 사실은 공을 칠 때 자신이 무엇을 하고 있는지 그리고 무엇을 해야 하는지 진정으로 이해한 적이 없다는 것이다. 게다가 그는 자신이 모른다는 것을 모른다.

이럴 때 대개 교사는 상황을 복잡하게 만든다. 자신은 효과적으로 공을 치는 법을 알고 있기에 학생에게 올바른 스트로크가 뭔지 보여주며 학생이 잘못하고 있는 것을 짚어주는 데 초점을 두게 되면 학생이 올바르게 해내는 것에만 집착하게 만든다. 이 과정에서 교사는 학생 스스로 문제와 해법을 발견할 수 있는 환경을 조성하지 못한다. 어쩌면 교사 또한 감으로만 배워왔기 때문에 기술을 '이해하는' 수준에 이르지 못했을 수도 있다.

일단 학생이 공을 칠 때 무게중심을 이동한다는 기본 원리를 이해했다면, 이것을 풀 백핸드 스트로크처럼 더 복잡한 과제에 적용할 준비가 되었다고 볼 수 있다. 이전과 같은 움직임을 계속한다 하더라도, 벽에서 좀 더 떨어져 라켓을 더 뒤로 빼서 공을 맞추면 시원하게 백핸드 스트로크를 칠 수 있음을 발견할 것이다. 무게중심 이동이라는 단순한 원리를 스윙에 적용해 공에 더 큰 힘을 전달할 수 있게 된 것이다.

그러므로 팔을 움직이는 기술은 "몸의 움직임에서 나오는 힘을 공으로 전달하려면 몸과 팔이 어떻게 협응을 이루어야 하는가?"라는 질문에 대한 이해에서 생겨난다. 사실 스윙에서 가장 두드러지게 눈에 띄는 것은 팔의 움직임이다. 하지만 앞서 살펴보았듯이 공을 치는 기본은 몸의 무게중심을 옮기는 것이다. 이것을 터득하면 몸의 무게중심 이동과 라켓의 스윙이 서로 조화롭게 협응을 이룸으로써 공에 훨씬 더 강한 힘을 전달할 수 있게 된다.

물론 풀 스트로크는 더 복잡한 기술이어서 단순히 무게중심을 이동하는 것보다는 어려울 것이다. 하지만 다양한 스윙 기술들은 모두 무게중심을 이동하는 같은 원리에 뿌리를 두고 있으며, 이 기본 원리를 조금씩 다르게 적용한 것이다. 매 단계에서 스트로크를 '하려고' 애쓰면 그저 오래된 습관만을 반복하여 새로운 발견과 깨달음에 이르지 못하게 된다. 공을 치는 새로운 방법을 터득하려면 자신이 공을 치는 과정을 관찰하며 늘 새롭게 배울 기회를 가져야 한다.

공을 치는 법을 연습할 때 자신의 움직임과 분리되어 있는 '올바른' 스트로크란 없다는 사실을 깨달아야 한다. 우리가 좋은 스트로크라고 부르는 것은 효율적인 움직임과 조화를 이룬 것이다. 스윙을 제대로 한다는 것은 '옳다'고 여겨지는 스윙 동작을 '하는' 것이 아니다. 우아하고 능숙한 방식으로 스트로크를 한다면 이는 전체적으로 조화를 이룬 움직임이 무엇인지를 스스로 터득했기 때문이다. '올바른 움직임'을 배워서가 아니라 실험과 관찰 과정에서 무엇이 효과적인 방식인지 발견하고 터득함으로써 공을 친다는 것이 무슨 의미인지 이해하게 된 것이다.

무게중심을 이동하는 것이 공을 치는 법을 배우는 유일한 방법이라고 주장하려는 것은 아니다. 야구나 골프의 스윙처럼 먼저 팔을 움직여 스윙을 시작한 뒤 무게중심을 이동하는 것이 유용한 경우도 있다. 내가 말하고자 하는 것은, 교사와 학생이 실험적이어야 하며 그 과정에서 발견하는 유용한 것들에 열려 있어야 한다는 것이다.

모든 학생이 이렇게 스트로크를 상세히 분절해 이해할 필요는 없다. 하지만 감으로만 학습할 수 없을 때가 있다. 이 때는 학생이 도움 되는 것들을 발견할 수 있도록 공을 치는 과정을 실험하면서 새롭게 배울 기회가 주어져야 한다. 그렇게 함으로써 분별없이 애쓰는 노력을 내려놓을 수 있고, 오래되고 낡은 습관들을 새로운 이해로 대체할 수 있게 된다.

움직임의 조절

이제 테니스 스윙의 마지막 요소인 움직임 조절에 대해 살펴보자. 무게중심을 옮김으로써 몸의 운동에너지를 활용할 수 있게 되면 평소 스윙을 할 때 몸을 긴장시키던 습관을 바꿀 수 있다는 것을 알았다. 그러면 이제 마지막 단계에서는 무게중심 이동을 통해 어설픈 동작이 어떻게 멋진 스윙 동작으로 변화할 수 있는지 그 과정을 살펴보도록 하자.

누군가에게 야구방망이를 휘두르거나 공을 던져보라고 하면, 준비 자세를 취하면서 본능적으로 몸을 낮추거나 발 간격을 넓히는 것을 볼 수 있다. 이는 무게중심을 쉽게 이동할 수 있게 하여 몸의 운동에너지를 공으로 전달할 수 있게 해준다. 하지만 자세히 관찰해보면 이 간단한 움직임을 잘 하는 사람들이 흔치 않다. 대부분의 사람들은 무릎을 굽히자마자 몸을 구부정하게 만들거나 몸을 한쪽으로 비틀곤 한다. 때론 몸통이 골반 앞쪽이 아니라 뒤쪽으로 젖혀져 무게중심을 전혀 이동하지 못하는 상황이 벌어지기도 한다. 앞의 테니스 교습생의 경우, 공을 칠 때 무릎이 펴지면서 몸이 뒤로 젖혀졌는데 사실 이것은 자신이 의도한 것과는 정반대의 동작이다.

우리가 앞서 살펴보았듯이 이런 동작을 하게 되는 이유는 몸의 자연스러운 지지 구조를 방해하는 긴장 패턴 때문이다. 무릎을 굽힐 때 대부분의 사람들은 머리를 뒤로 젖히고, 등을 구부정하게 하는 식으로 여러 불필요한 긴장들을 만들어 몸의 자세를 무너트린다. 학생이 이런 습관을 바꾸려면 무릎을 구부리면서 몸통을 고관절 앞으로 기울이며 동시에 몸의 지지 상태와 길이를 유지하는 법을 배워야 한다. 이 때 몸통은 뒤쪽으로 젖혀지는 대신 발 위에서 가볍게 지지 받고 있는 것처럼 보인다. 이는 우리가 체중을 이동하고, 몸을 비틀거나 방향을 바꾸는 동작들을 훨씬 쉽고 자유롭게 할 수 있게 해준다. 이렇게 새롭고 조화로운 방식으로 근육이 기능하면 움직임이 현저히 향상되며, 운동에 까막눈인 일반인들도 이를 쉽게 관찰할 수 있다.

이와 같이 몸 전체의 움직임을 협응시키는 것은 모든 스포츠의 기본 기술이지만, 사실 대부분의 운동교육에서는 무시되고 있다. 이는 운동을 가르칠 때 몸의 전반적인 균형이나 움직임의 협응이 아니라 기술과 연관된 의도적인 행위에만 초점을 두기 때문이다. 테니스공을 칠 때, 대부분의 사람들은 라켓을 휘두르는 데만 주의를 기울일 뿐, 이 동작을 하는데 필요한 몸의 자세에 대해서는 별로 신경을 쓰지 않는다. 하지만 스윙의 성공 여부는 몸 전체를 효율적으로 움직이는 능력에 달려 있다. 그래서 사실 노련한 교사들은 학생의 준비 자세만 봐도 스윙의 성공 여부를 판단할 수 있다.

앞서 2장에서 보았듯이 우리는 반사운동보다 수의적 동작에 더 주의를 기울이는 경향이 있다. 즉, 부분적인 동작들만 의식하고 이 모든 동작들의 배경이 되는 몸의 전반적인 균형과 지지에 대해서는 별로 주의를 기울이지 않는 것이다. 하지만 스윙을 제대로 하려면 몸 전반의 균형이 필수적이다.

운동 기술을 위해 적절한 발 자세가 중요한 것과 마찬가지로 손을 세밀하게 움직이려면 앉아 있을 때의 균형이 중요하다. 악기를 연주하거나 글을 쓰는 등 앉아서 손으로 섬세한 작업들을 할 때 우리는 대개 팔과 손 놀림에만 신경을 쓰면서 등과 다리의 역할을 경시한다. 손과 팔의 놀림은 몸 전체의 기능에 의존하고 있는데도, 앉아 있을 때 몸의 균형에 대해 탐구하는 사람은 흔치 않다.

서양의 여러 기술에서 대부분 신체적 균형의 요소가 경시되고 있기 때문에 성인들에게서 몸의 자연스러운 균형을 찾기란 쉽지 않다. 게다가 우리는 나이를 먹으면서 흔히 이런 자질을 잃어버린다. 하지만 동양의 무술에서는 손발을 놀리는 기술을 배우기에 앞서 이 기술들이 기초하고 있는 몸의 자세 전반에 상당한 주의를 기울인다. 그래서 무술을 배우는 것은 다른 운동 종목을 배우는 것보다 더 의식적이고 세부적인 학습과정을 필요로 한다. 서양에서는 중년의 나이에도 불구하고 아주 가볍고 우아하게 움직이는 프레드 아스테어Fred Astaire 같은 댄서가 이런 균형의 모델이 될 수 있겠지만, 대다수의 사람들은 이런 자질을 결여하고 있다. 그러나 희망적인 소식은, 몸의 자연스러운 지지 구조를 회복하면 이 균형을 다시 얻을 수 있다는 것이다.

일단 조화로운 방식으로 몸을 구부리는 기초적인 움직임에 숙달되면 학생은 이 자세를 공을 치는 과정에 적용시켜야한다. 물론 공을 친다는 생각을 하는 순간 자신의 낡은 습관들이 이 동작에 끼어들기 때문에 쉽지만은 않을 것이다. 앞서논의했듯이, 여기서의 난제는 공을 친다는 자극을 받거나(또는 생각을 하거나), 심지어 그저 라켓을 잡기만 해도 낡은 행위방식으로 되돌아가는 경향이 있다는 것이다. 그래서 낡은 방식으로 움직이는 것을 피하고, 제대로 치고 싶다는 욕망을 잠시 접어두고, 스윙을 할 때 새로운 방식으로 움직이는 데에만 주의를 기울여야 한다.

스윙을 하면서 몸의 협응을 유지할 수 있을 때, 학생은 무게중심 이동, 몸 비틀기, 방향 전환하기, 몸을 낮추고 자유롭게 움직이기 등 스윙에 필요한 여러 요소들을 전반적으로 더 잘 제어할 수 있는 자신을 발견하게 될 것이다. 그럴 때 전보다 덜 애쓰면서도 몸의 에너지를 더 정확하게 사용하여 공에 더 큰 힘을 전달할 수 있게 된다. 또한 기계적으로 반복 훈련을 하거나 애를 쓰지 않고도 공을 잘 칠 수 있는 방식을 탐구하고, 자신이 하려는 작업 과정을 찬찬히 짚어봄으로써 실력을 향상시킬 수 있음을 깨닫는다. 이 때 물론 테니스 실력도 늘겠지만 그보다 더 중요한 것은 이를 통해 자신을 더 잘 제어할 수 있게 된다는 점이다.

그렇다면 공을 치는 법을 배우는 데 필요한 마지막 요소는 바로 몸의 제어력을 증진시키는 것이다. 스윙을 하려면 무릎을 구부려 무게중심을 이동하면서 몸을 자유롭게 회전시켜 나선형으로 돌리는 법을 알아야 하기 때문이다. 지금까지 살펴본 논의들을 되짚어보자. 우리는 학생이 백핸드 스트로크를 하는 '올바른 방법'을 알아내야 한다고 믿으며 배우려고 노력하는 모습을 보았다. 교사는 나름대로 그것을 보여주려 했으나 결국 올바른 스트로크를 모방하려 애쓰는 것은 무의미한 노력일 뿐이었다. 학생은 무게중심을 이동하고 효율적으로 스윙하여 공을 치는 법을 스스로 알아낼 필요가 있었다. 그동안 자신이 어떤 노력을 해야 하는지 알지 못했으며, 연습할 때 자신이 잘못된 방식으로 움직이고 있었다는 것도 몰랐다. 결국 공을 제대로 치지 못하는 이유는 (너무나도 많은 이들에게 일상적인 일이 되어버린) 몸의 여러 부분들이 협응되지 않아 일어나는 현상이었다. 이 때 우리는 가장 단순한 동작조차도 몸의 균형을 방해하는 방식으로 하게 된다.

우리는 지금까지 공을 치는 법에 대한 실질적인 질문에서 시작해 불완전한 동작의 문제에 이르기까지 학생이 겪어온 문제들을 살펴보았다. 공을 치는 올바른 방법이란 없다. 스트로크는 이미 우리 안에 형성된 습관에 의존하고 있다. 이는 무엇보다도 모든 부분적인 동작의 근간이 되는 체중 이동과 관계된 기본 움직임을 숙달해야 함을 의미한다.

이런 성찰은 교육의 일반적인 전제에 의문을 제기한다. 대부분의 교사들은 올바른 움직임을 반복 연습하면 학생들이 스트로크를 제대로 해낼 수 있게 될 거라고 생각한다. 그래서 학생이 '제대로 해내는'데만 관심을 두고 몸을 움직이는 방식이 적절하고 효율적인지는 살피지 않는다. 그것이 학습에서 중요한 역할을 한다는 것을 인식하지 못하기 때문이다. 자세에 주의를 기울이는 소수의 무술가와 음악가들을 제외하면 대부분의 사람들은 무의식적으로 자세를 취하고 몸을 움직인다. 하지만 어떤 기술을 숙달하는 데 가장 중요한 요소는 특정한 동작들이 아니라 오히려 몸의 움직임을 적절한 방식으로 제어할 줄 아는 것이다. 기술의 수행이 바로 여기에 달려 있기 때문이다.

8장

무위의 기술 배우기

목표는 우리 밖에 있지 않다. 공을 쳐서 홀에 넣는 것이나
음계를 연주하는 것은 사실 전적으로 자기 안의 여러
요소들을 어떻게 조율하느냐의 문제이기 때문이다.
목표를 자기 안의 한 요소로 인식할 때 외적인 목표
달성에 대한 걱정은 사라진다. 목표가 외적인 도전 과제가
아닌 내적인 훈련으로 받아들여지기에, 지성적이지 않은
애씀으로 목표를 성취하려는 열망을 내려놓게 되는 것이다.

1. 노래 부르기와 호흡

이번에는 호흡과 노래의 기술에서 시작해 고도의 숙련을
요구하는 기술에 담긴 무위의 원리에 대해 이야기해보자.

가수들은 자신의 호흡에 주의를 기울여야 한다. 공기가 폐
에서 흘러나와 성대를 진동시켜 소리가 나므로 노래의 음색
에 호흡이 중요한 역할을 하기 때문이다. 노래를 가르치는 학
교에서는 호흡을 강화시킬 수 있다며 특정한 호흡법을 강조
하고, 어떤 곳에서는 호흡량을 늘리는 데 초점을 맞춘 발성
테크닉을 반복해서 훈련한다. 하지만 효율적인 호흡은 굳이
반복연습이나 훈련을 필요로 하지 않는다. 우리가 애써 숨 쉬
지 않아도 몸에서 호흡이 자연스레 일어나기 때문이다. 그리
고 이렇게 저절로 일어나는 호흡은 자연스러운 발성의 기반
이 되어준다.

앞서 보았듯이, 많은 가수들이 노래를 부르기 직전에 등을 구부리거나 공기를 훅 들이마시며 과도하게 긴장하고, 자연스러운 호흡을 방해하는 방식으로 숨을 쉬곤 한다. 이런 행동은 움직이고 말하는 동안 머리와 등, 가슴, 갈비뼈의 불필요한 움직임을 만들어내는 습관 때문에 일어난다. 이런 불필요한 움직임들은 자연스러운 호흡에 나쁜 영향을 미친다. 하지만 대부분, 심지어 발성 교사들도 왜 이런 습관들이 해로운지 명료하게 이해하고 있지 않다.

우리 몸에서 호흡은 풀무가 바람을 일으키는 원리로 이루어진다. 풀무가 열리면서 공기를 들이마시는 것이 아니라, 풀무 안에 형성된 진공 상태를 채우기 위해 공기가 저절로 들어온다. 그리고 풀무가 닫히면 공기가 빠져나온다. 우리 안에도 풀무가 있는데, 바로 갈비뼈와 횡격막이다. 갈비뼈가 들어올려지고 넓어지며 횡격막이 긴장되면(낮아지면) 풀무가 '열린'다. 반대로 횡격막이 이완되면서 돔 형태로 올라오고, 갈비뼈를 둘러싼 탄성 있는 근육이 원래의 크기로 수축될 땐 풀무가 '닫힌'다. 물론 풀무와 달리 갈비뼈는 완벽하게 '닫히지'는 않는다. 하지만 갈빗대의 용적이 늘어나거나 줄어들면서 폐로 공기가 들어오고 나가는 방식은 풀무가 열리고 닫히면서 공기가 들어오고 나가는 방식과 같다.

목소리를 잘 내려면 이 기본 원리를 이해하는 것이 매우 중요하다. 인체는 우리가 공기를 애써 들이마시거나 내쉬지 않아도 되게끔 설계되어 있다. 몸은 자동적으로 흉곽의 공간을 늘였다 줄이며, 우리가 의도적으로 숨을 들이마시거나 내쉬지 않아도 이 움직임으로 인해 콧구멍과 입을 통해 공기가 드나든다. 이는 호흡의 질이 우리 몸 안의 풀무가 왜곡 없이 온전히 열렸다 닫히며 적절히 기능하는 데 달려 있음을 뜻한다. 잘 호흡하기를 원한다면, 우리는 공기를 들이마시기 위해 아무것도 할 필요가 없으며, 그저 호흡의 움직임이 일어나는 몸의 협응과 반사 기능을 방해하지만 않으면 된다.[1]

하지만 바로 여기에서 습관적인 긴장이 작용해 호흡이 방해를 받는다. 우리가 목 근육을 긴장시키고 머리를 뒤로 젖히며, 가슴을 들어올리고, 등을 좁히며 몸의 자연스러운 지지 상태를 방해할 때, 갈비뼈는 온전히 확장되고 수축될 수 없다. 반면, 우리가 몸을 위축시키지 않아 지지 구조를 회복하면, 갈비뼈가 자유롭게 움직이고 풀무가 적절히 열리고 닫힐 수 있다. 즉, 호흡은 우리 자신이 전반적으로 적절히 조율되어 있을 때 최적의 상태로 일어나는 것이다.

그래서 가수에게 발성을 가르칠 때 필요한 첫 번째 기초 수업은 호흡이 편안하고 자연스럽게 이루어지도록 몸통과 몸 전체의 균형과 협응 상태를 회복시키는 것이다. 호흡을 잘하려고 일부러 애쓰지 않아도 괜찮다. 몸의 자연스러운 지지 상태에서 호흡이 저절로 이루어지기 때문이다. 사실 호흡에 대해 걱정하는 것은 자연스러운 지지 상태를 방해하는 잘못된 긴장을 유발해 문제를 더 복잡하게 만들 뿐이다.

하지만 이렇게 조화로운 방식으로 몸을 사용하는 것이 노래하는 데는 어떻게 적용될 수 있을까? 가장 눈에 보이는 해결책은 목소리를 내는 동안 향상된 몸의 상태를 유지함으로써 호흡을 가만히 내버려두는 데 있는 것처럼 보인다. 사실, 이는 대부분의 발성과 호흡 훈련법들이 바탕을 두고 있는 이론이다. 하지만 현실에서는 이게 그렇게 단순하지만은 않다. 발성하거나 호흡하는 동안 자신을 이완된 상태로 내버려두자고 생각하는 순간 필연적으로 잘못된 습관이 작동된다.

가수가 이를 보지 못하는 이유는 호흡과 발성이 몸의 근육 상태와 연결되어 있음을 모르기 때문이다. 호흡은 우리가 적극적으로 '행하는' 것이 아니라 갈비뼈가 풀무처럼 움직여 일어나는 '결과'일 뿐이다. 폐로 공기가 드나드는 것은 (우리가 호흡을 해서가 아니라) 순전히 갈비뼈의 반사적인 확장과 수축 작용으로 인해 일어나는 일이며, 갈비뼈의 움직임은 몸통의 균형에 의존하고 있다. 하지만 의도적으로 숨을 쉬거나 목소리를 낸다고 생각하면 어떤 일이 벌어질까? 가수는 헐떡이듯 숨을 들이마시고, 등을 구부정하게 만들어 풀무의 기능을 방해하게 된다. 즉, 숨을 쉬거나 말하기 위해 어떤 선택과 결심을 하든 (심지어 자신의 몸을 긴장시키지 않으려 애쓰더라도) 이는 호흡, 발성과 결부된 습관들을 작동시켜 결국 잘못된 움직임을 일으키는 것이다.

생각-운동에 대해 다루면서 우리는 뭔가를 하려는 생각이 몸에서 습관적인 긴장을 유발하는 운동 반응을 일으킴을 보았다. 이것이 바로 지금 가수가 해결해야 할 문제이다. 호흡을 하려는 의도가 (설령 무언가를 바르게 하려는 의도라고 해도) 호흡을 방해하는 바로 그 습관을 작동시키는 것이다. 그러니 호흡에 대해 신경 쓰는 것은 사실 호흡이 일어나는 몸의 자율적인 기능을 방해한다.

말하거나 노래할 때 우리는 이렇게 의도적으로 숨을 쉬려는 해로운 습관을 쉽게 관찰할 수 있는데, 이는 호흡이 좋아지는 것을 방해하는 요인이다. 몸의 협응을 조절함으로써 호흡을 향상시키는 것은 비교적 간단하다. 학생은 자신의 등, 가슴, 갈비뼈, 횡격막이 더 자유로워졌음을 느낄 수 있고, 그 결과 얼마나 편안하게 공기가 몸을 드나드는지 느낄 수 있게 된다. 하지만 발성을 시작하자마자 또 다시 잘못된 습관들이 작동된다. 어떤 조건들을 향상시켜도 문제의 근본 원인은 그대로 남아 있는 것이다.

이것은 긴장을 풀고 호흡을 자유롭게 하려고 애쓰는 여러 기법들이 부적절한 호흡의 근본적인 원인을 다루지 못하는 이유다. 발성훈련법들이 특정 방식으로 갈비뼈와 횡경막의 움직임을 향상시켜 일시적으로 호흡을 향상시키거나 관련된 근육들에 활기를 불어넣을 수 있을지는 모르지만 궁극적으로 이는 자연스러운 호흡을 방해할 뿐이다. 어떤 결과를 이루건 특정한 방식의 호흡법이나 훈련은 생각-운동 자극을 일으켜 그 자체로 몸의 자연스런 수축과 확장을 방해하는 긴장을 만들어낸다. 결국 이는 호흡을 방해할 수밖에 없다.

대개 이런 접근법들은 몸 전체가 어떻게 작동하는지에 대한 이해에 기초해 있지 않으며, 그래서 호흡이 몸의 전반적인 협응에 의존하고 있음을 인식하지 못하고 있다. 하지만 신체 협응의 중요성을 이해하는 교육 방식에서도 흔히 학생이 호흡하는 '동안' 무언가를 바꾸거나 이완하게 함으로써 (발성) 행위와 몸의 협응이 밀접하게 연결되어 있음을 놓치곤 한다. 물론 교사는 선의로 학생을 도우려 할 것이다. 하지만 교사가 알고 있는, 자신의 선의를 실천하는 유일한 방식은 학생에게 무언가 '하도록' 하는 것이며, 학생이 이 지시 사항을 수행하려 하는 것은 호흡에 대한 간섭만 키울 뿐이다. 갈비뼈와 횡경막의 움직임을 왜곡시키거나 과장함으로써 호흡을 방해하게 될 것이다.

자, 가수가 처한 문제로 다시 돌아와 살펴보자. 만약 의도적으로 뭔가를 하려는 모든 노력이 오히려 방해가 될 뿐이라면 발성을 하는 동안 어떻게 몸의 자연스러운 협응을 유지할 수 있을까? 생각-운동을 떠올려보라. 어떤 행위에 대한 생각이 낡은 운동 패턴을 불러일으킨다면, 어떻게 새로운 방식으로 노래할 수 있을까? 학생은 자신의 행위를 바로잡으려는 맹목적인 애씀을 멈추어야만 한다. 아니, 모든 동작을 멈추고 자신의 문제를 처음부터 다시 살펴보아야 한다. 그러면 몸이 적절히 협응을 이룬 상태일 때 호흡이 자동적으로 일어난다는 것을 발견할 것이다. 자신이 몸의 협응을 방해하는 순간은 말하거나 노래할 때뿐이다. 이러한 관찰이 이루어지면 이는 다음과 같은 질문으로 이어진다. 소리를 내기 위해서는 무엇이 필요하며, 어떻게 호흡에 대한 간섭과 방해 없이 발성이 이루어질 수 있는가?

발성에 절대적으로 필요한 두 가지가 있다. 폐를 드나드는 공기의 흐름과(이것은 성대를 진동시킨다) 또 하나는 성대를 닫는 것이다(그래야 공기가 성대 사이를 지나갈 때 성대가 진동한다). 호흡은 우리가 호흡하기로 마음먹었기 때문이 아니라, 그저 몸 안의 공간이 변화할 때 이 공간을 채우기 위해 공기가 자동으로 드나들면서 일어난다. 즉, 공기를 얻기 위해 무언가를 '할' 필요가 없는 것이다. 우리는 그저 신체의 올바른 협응을 유지하면 되고, 이 때 공기는 저절로 몸을 드나들 것이다. 그리고 공기가 이미 폐를 드나들고 있기 때문에 성대를 서로 맞닿게만 하면 공기가 성대를 진동시켜 소리가 저절로 나온다. 호흡이 저절로 이루어지듯이.

자, 이제 학생은 소리를 내기 위해 호흡에 대해 생각할 필요가 없다는 사실을 깨달았다. 학생은 그저 호흡이 자연스레 일어날 수 있도록 신체의 협응에 대해 생각해야 하며, 이 때 성대를 닫으면 저절로 소리가 날 뿐이다. 몸의 균형을 유지하고 성대를 서로 맞닿게 하는 것 외에 아무것도 하지 않아도 발성에 필요한 모든 요소를 제어할 수 있는 상태에 있다. 이 때 학생은 노래하기 자체에 대해 생각하지 않고도 노래를 할 수 있게 된다. 이는 학생이 가진 문제의 원인, 즉 노래하기에 대한 관념이나 욕망을 우회해 갈 수 있음을 의미한다. 평소 노래에 대한 자신의 생각이나 이와 연관된 개념들 없이도 충분히 노래할 수 있다. 이 때 소리는 무척 자연스럽게 나오며, 목이 아닌 몸 전체에서 나오는 것처럼 보인다. 학생은 발성하기와 연관된 습관과 간섭들을 우회해 감으로써 발성에 대해 생각하지 않고도 자신의 목적을 달성했다.

우리가 살펴본 다른 기술들과 마찬가지로, 목소리를 조화롭게 조절하는 것은 의도적으로 근육을 쓰거나 기계적인 훈련으로 성취할 수 있는 것이 아니라, 오히려 우리가 인체의 내재된 디자인을 이해하고 이를 간섭하지 않으면서 행동하는 것을 배우면 그저 쉽고 자연스레 이루어지는 일이다. 그럼에도 연기와 발성 코치들은 흔히 발성을 위해 호흡과 관련된 근육들을 단련하고 이를 강화하는 법을 배워야 한다고 주장한다. 학생이 이런 기술들을 사용하여 오히려 목소리를 죄고 몸에 긴장을 쌓고 있는 것이 분명한데도 그들은 계속 같은 주장을 되풀이한다.

이런 기법들의 기저에는 풍부한 목소리를 내려면 애씀이 필요하다는 믿음이 자리 잡고 있다. 어린아이들이나 동물들은 말할 것도 없고 최고의 가수들은 오히려 애씀 없이 목소리를 내는데 말이다. 다른 기술들과 마찬가지로 결국 진정한 발성의 전문성은 기술을 수행할 때 우리 몸에 이미 내재된 능력을 방해하지 않고 이를 '지성적으로' 잘 다루는 법을 배우는 과정에서 생겨나는 것이다.

온전히 호흡하려면 호흡에 간섭하지 않아야 한다는 이 원리가 얼핏 보기에는 가수들에게 별 도움이 되지 않는 것처럼 보일 수도 있다. 가수란 노래를 부르는 동안 호흡을 의도적으로 조절해야 하는 사람들이기 때문이다. 그렇다면 우리가 살펴본 이 원리가 가수가 어려운 곡을 부를 때는 과연 어떻게 도움이 될 수 있을까?

목소리는 무엇보다도 몸이 전체적으로 협응을 이룬 결과로 나오는 것이어야 한다는 사실은 아무리 복잡한 발성 작업에서도 변하지 않는다. 즉, 발성 구조를 사용하는 그 어떤 기술도 몸 전체의 협응에 기반을 두고 있어야 한다는 것이다. 이는 가수가 호흡과 노래의 음색이 뿌리를 두고 있는 몸 전체의 협응 원리에 기초해 발성 능력을 계발해야 함을 뜻한다. 그러므로 먼저 노래하고 그 뒤에 잘못된 점을 교정함으로써 발성을 향상시킬 수 있다는 생각은 수레를 말 앞에 매어두는 것처럼 앞뒤가 바뀐 격이다.

모든 기술의 기초는 신체의 적절한 협응이며, 이것이 뒤따르는 모든 기술계발의 기반이 되어야 한다. 이 토대가 약하면, 발성과 호흡 조절을 위한 노력이 그릇된 길로 빠지기 쉬우며, 이는 결국 호흡을 약하게 만들고 목소리를 왜곡시키게 된다. 정상적인 호흡에 대한 이 단순한 원리가 가수가 해내야 하는 어려운 작업과는 별로 관계가 없어 보일지 모른다. 하지만 난이도가 높은 높은 과제를 해낼 수 있으려면 몸 전체가 협응을 이루어 최대한 효율적인 방식으로 기능해야 하기에, 오히려 이런 단순한 기본 원리를 유념하는 것이 중요하다. 그리고 이 원리는 연설이나 연기, 관악기 연주, 또는 호흡 자체에 대해 배우는 데도 모두 똑같이 적용될 수 있다.

2. 피아노 연주와 생각

이제 어떤 악보를 익히려 애쓰지만 어려운 악절에 숙달하지 못해 좌절감을 느끼는 피아노 교습생 사례로 넘어가보자. 이와 같은 기술적인 문제에 직면했을 때 학생은 더 열심히 연습하기로 결심하고, 어려운 악절을 반복해서 연주해 손가락을 빠르게 움직이려고 애쓴다. 하지만 자세히 관찰해보면, 어려운 악절들을 적당히 얼버무리고 넘어가면서 고르지 않게 연주하고 있으며 또 약간 서두르며 행동하고 있음을 발견하게 된다. 시간을 들여 악절들을 충분히 숙고하지 않으면 학생은 자신의 나쁜 습관만 되풀이하여 연습하게 될 것이다. 이렇게 자신을 몰아붙이며 연습하면 자신이 무엇을 하고자 하는지 명료하게 생각하지 못하게 되고 스스로를 방해하여 오히려 자신의 의도한 바를 제대로 할 수 없게 된다.

이 학생이 어려움을 극복하도록 돕는 첫 단계는, 일단 피아노에서 한 걸음 물러나 제대로 연주하려는 욕망을 내려놓게 하여, 테크닉과 씨름하며 오류만 반복하는 악순환을 깨는 것이다. 노련한 교사와 함께 학생은 더 조화로운 상태, 또는 긴장을 내려놓은 상태로 악기에 접근해야 하고, 그 다음엔 이전의 해로운 습관에 빠지지 않으면서 연주를 할 수 있는지를 보아야 한다. 예를 들어 이전에 학생이 어깨와 목을 긴장시키면서 연주했다면, 이번엔 이런 불필요한 긴장 없이 건반에 손을 얹을 수 있는지 살펴보아야 하는 것이다. 처음엔 자신의 이런 습관을 제어할 수 없을 것이다. 건반에 손을 올려놓는다는 생각만으로도 저절로 여러 반응들이 일어나기 때문이다. 학생의 행동은 너무나도 본능적이고 무의식적이라 자신이 연주하기 위해 지나치게 긴장한다는 것을 자각하지 못한다. 하지만 몸의 균형이 향상되면 긴장이 일어날 때 이를 근육의 감각으로 인식할 수 있게 되고, 이런 변화는 건반에서 손과 팔을 움직이는 능력을 높여줄 것이다.

그 다음 단계는, 이렇게 향상된 균형과 절제된 노력을 유지하며 학생에게 한 손으로만 간단한 악절을 연주하게 한다. 그 악절을 실제로 연주하기 전에 학생은 자신이 어떤 음들을 어떤 순서로, 어떤 주법으로 연주해야 하는지 정확히 알고, 자신이 무엇을 하고자 하는지에 대해 명료해져야 한다. 처음엔 학생이 피아노와 거리를 둔 상태에서 이 작업을 해야 한다. 그 다음엔 그 부분을 빠르게 연주한다는 목표가 아닌, 악절을 완벽한 제어력과 정확성, 명료함을 갖고 연주한다는 단순한 목표를 가지고 아주 느리게 연주해야 한다. 이 단계에 숙달되면 학생은 자신이 이 악절을 더 빠르게 연주할 수 있는지 확인해보고 싶은 유혹을 느낄 수도 있지만 이에 굴하지 않고 교사가 전달하는 과정에 충실히 머물러야 한다.

이 단계에서 학생의 주요한 과제는 자신이 무엇을 하고 있는지 명료히 개념화한다거나 곡에 대해 충분히 생각한다는 것이 어떤 의미인지 깨닫는 것이다. 어떤 곡을 배울 때 그 곡을 암기하고 연주할 수 있으면 우리는 이미 그 곡의 음계들을 다 알고 있다고 생각하곤 한다. 하지만 익숙한 긴장 없이, 또는 매우 느린 속도로 해보는 등 자신의 습관과 다른 방식으로 해보면 우리가 하고자 하는 하는 것에 대해 실제로는 매우 부실하게 이해하고 있었음을 깨닫게 된다. 음계들을 제대로 이해하기 위해서는 단지 자신이 어떤 음들을 연주하려고 하는지가 아니라, 각각의 음계들이 서로 어떻게 연결되어 이어지는지 정확하고 명료하게 이해해야 한다. 이는 연주자가 자신 앞에 놓인 과제가 아주 단순하고 간단해질 만큼 명료히 이해함으로써, 천천히 연주하는 것이 마치 그저 피아노에 손을 올려놓는 것만큼 쉬워질 때까지 악절의 음계들을 공들여 세세히 검토해야 한다는 의미다.

어떤 악절을 명료히 이해하고 이를 천천히 연습하는데 숙달되면, 그 다음 단계는 다른 어려운 악절을 정해 이전의 악절처럼 쉽게 연주할 수 있을 때까지 오른손과 왼손을 나눠 연습하고 그 뒤엔 양손을 함께 연주하는 것이다. 어느 순간 학생은 자신의 연주가 향상되었음을 발견할지 모른다. 하지만 각 부분들을 차례차례 숙달해 모든 악절들을 한데 엮어 전곡을 명료히 연주할 수 있을 때까지 학생은 빠르게 연주하고 싶은 유혹을 이겨내야 한다. 곡을 더 빠르게 연주할 수 있더라도 여전히 빠르게 연주하는 것이 아니라 '애씀 없이' 연주하는 것을 자신의 목표로 삼아야 하는 것이다. 이를 이룰 수 있는 유일한 방법은 의식적으로 빨리 치지 않겠다는 결단을 내리고, 매우 느리지만 완벽한 제어 상태로 연주할 수 있도록 곡을 세세히 나누는 것이다.

그렇다면 작품을 숙달하는 데는 두 가지 요소가 필요하다. 첫 번째는 자신이 하고자 하는 내용에 대해 생각하고 이를 명료히 하는 것이다. 학생은 종종 피아노로부터 거리를 두어 자신이 연주하고자 하는 음계가 무엇인지 스스로에게 묻고 이렇게 함으로써 이 생각을 기억으로 변환해야 한다. 또한 학생은 어려운 부분들이 완전히 명료해질 때까지 곡을 세세히 나누어 이해해야 한다. 이렇게 생각이 명료해져야 손가락과 손, 팔이 조화롭게 움직일 수 있기 때문이다. 실제 연주 과정을 장악하는 것은 그 작업의 내용에 대한 '이해'다. 그러므로 생각하기는 연주의 주요한 구성 요소인 셈이다.

'생각-하기'는 '행위-하기'와 비교해보면 파악하기 어려운 무형의 것처럼 보이지만, 사실은 연주에서 핵심적인 역할을 한다. 얼핏 보면 피아니스트의 과제는 손가락을 민첩하게 움직여 연주하는 것인 듯 보이지만, 사실 이 복잡한 연주를 조율하는 요소는 뒤에서 움직임을 조율하는 명료한 생각이기 때문이다. 어떤 곡을 배우려 할 때 종종 그 곡을 제대로 이해하지 못하는 경우가 있다. 이 때 대부분의 학생들은 이 문제를 어려운 악절들을 더 잘 이해함으로써가 아니라 그것을 계속 반복해 연주함으로써 극복하려 한다. 하지만 자신이 무엇을 하고자 하는지 모르는 상태로 계속 무언가를 해보려 애쓰는 것은 무익한 노력일 뿐이다.

곡을 숙달하는 데 필요한 두 번째 요소는 낡은 습관을 깨는 것이다. 학생은 자신의 실패가 악절을 연주하는 데 필요한 움직임을 터득하지 못했기 때문이라 생각하고 아직 이 악절을 연주하는 법을 찾아내지 못한 것이 문제라고 믿는다. 그러나 악보를 연주하려고 시도하는 것은 (자신이 하고자 하는 작업에 명료하거나, 새로운 방식으로 연주하려 할지라도) 자신 안에서 습관적인 생각-운동 반응들을 일으킬 뿐이다. 생각-운동 반응은 자신의 습관과 잘 맞지 않는 움직임을 수행하지 못하게 막는 습관적이고 몸에 밴 행동 패턴으로, 이는 결국 연주를 방해한다. 명료히 생각하는 과정이 손가락의 움직임을 조율하겠지만, 애쓰는 순간 작동하는 습관들이 이 노력의 방향을 바꾸어 익숙한 낡은 패턴으로 되돌아가게 만든다.

우리가 보아왔듯이 이런 습관들은 근육 체계의 기능을 방해하는 긴장 패턴에서 발생한다. 이 긴장이 자연스러운 상태로 회복될 때 학생은 불필요한 긴장을 인식할 수 있게 되면서 연주를 방해하는 잘못된 행동 패턴들을 예방할 수 있게 된다. 이는 잘못된 방향의 노력을 없애주고 새롭고 조화로운 움직임을 할 수 있게 해준다. 그러면 더 이상 자신이 하고자 하는 것과 몸에 밴 습관 사이의 갈등이 존재하지 않게 된다. 습관적인 애씀과 긴장의 연결고리를 깰 때 우리 안에 새로운 것을 할 수 있는, 어떤 생각을 낡은 습관에 방해받지 않고 조화롭게 실행할 수 있는 내적인 공간이 생겨난다.

이런 방식으로 작품에 접근할 때, 학생의 과제가 연주를 능숙하게 하는 것에서 연주하는 동안 자기 자신에게 주의를 기울이는 정신적인 도전 과제로 변환되었음을 주목해보라. 이런 점에서 생각하는 과정을 통해 활동을 재조직하는 것은 더 큰 맥락에서 보면 '낡고 습관적인 행동을 의식적인 행동으로 전환'하는 것을 의미한다. 낡은 습관을 예방하는 것과, 생각하는 과정을 통해 자신의 인식을 재조정하는 것은 서로 연결되어 있다. 이 두 요소가 함께 갈 때 우리는 새롭고 의식적인 방식으로 곡에 숙달될 수 있다. '어떻게' 연주하는지 배운다는 것은 '행하기'가 아니라 '생각하기'와 '자각'에 대해 배운다는 것이다. 이 때 우리는 애씀으로 인해 긴장된 온 몸의 근육을 지성으로 충만한 뇌로 기능하게 만든다.

앞서 우리는 배움의 난관을 극복하려면 새로운 방법으로 '생각'할 필요가 있음을 배웠다. 운전을 배우는 사람에겐 안정감을 갖고 운전의 여러 요소들을 배울 수 있는 잘 짜여진 환경이 필요했고, 테니스를 배우는 사람에겐 관찰하고 실험하며 자신의 동작을 재구조화하는 과정이 필요했으며, 노래를 배우는 사람에겐 잘못된 행동을 자제하는 법을 배우고 발성 과정을 새롭게 이해하는 것이 필요했다. 그리고 피아노 연주에서는 몸이 조율된 방식으로 움직이는 데 생각하기가 매우 중추적인 역할을 한다는 것을 알게 되었다. 그렇다면 이 사례들이 보여주듯이 배움에서 '행위하며 애쓰기'는 생각이 아직 애매하고 비효율적임을 뜻하므로 학생은 우선 멈추고 문제가 무엇인지 다시 검토하여 이를 수정해야 한다.

처음엔 이런 방식으로 곡을 배우는 게 따분해 보일 수도 있다. 하지만 세부사항에 주의를 기울이는 것이 곧 악기에 지성적으로 접근하는 방식임을 배우게 될 것이다. 지금까지는 오직 결과에만 초점을 기울였다. 그래서 뭔가 배우지 못하면 짜증이 났고, 이 실패는 학생으로 하여금 더더욱 애쓰며 반복연습만 하게 만들었다. 이제 연습의 일차적인 역할이 복잡한 동작을 기계적으로 되풀이하면서 애쓰는 게 아니라 과제를 세분하여 어려운 악절의 구성 요소들이 쉽고 간단해질 때까지 면밀히 생각하는 것임을 배웠다. 연습의 진정한 목적은 제대로 하려 애쓰는 것이 아니라 자신이 무엇을 하고자 하는지 명료히 이해하고 자신의 연주에 지성을 적용해나가는 것이다. 이 때 연습하기란 어려움을 극복하기 위해 애쓰는 것이 아니라, '어려운 것을 쉽게 만드는' 과정이 된다.

연습에 대한 이런 새로운 접근법은 목표를 성취하려 애쓰는 것이 아니라 자기 자신에 대해 배우고 원숙해지려는 마음가짐과 욕구에서 시작된다. 이는 또한 자기성찰을 필요로 한다. 미숙한 야망과 경쟁심에 이끌리기보다는 더 높은 차원의 동기를 갖고 있을 때 비로소 이런 방식으로 악기에 접근할 수 있기 때문이다. 학생이 기꺼이 이 길을 밟아가고자 한다면, 그는 더 이상 야망이나 투쟁에 사로잡히지 않게 되며 배움의 과정 그 자체에서 기쁨을 얻기 시작한다. 이 때 연습은 더 주의 깊고 정밀하며, 그 자체로 보상을 얻는 즐거운 시간이 된다. 학생은 강박과 지나친 염려에서 자유로워지며 더 주의 깊고 초연해진 자신을 발견한다. 훈련된 인내심을 갖게 된 것이다.

이 새로운 접근법은 또한 연주 기법과 음악 해석 사이의 간극을 메우는 것을 돕는다. 2장에서 우리는 학생이 악보의 음표들이 서로 어떤 관계와 어떤 순서로 연결되어 있는지 이해하고 이를 연주로 변환해야 함을 보았다. 이렇게 작품의 세부 요소들까지 파악하게 되면 학생은 더 이상 건반에서 어떤 음계를 연주해야 하는지 생각하지 않아도 음악적 귀(내청inner listening, 정신으로 음악을 연주하며 거기에 귀를 기울임)를 통해 연주할 수 있게 된다. 이 두 단계는 타이핑을 배울 때 거치는 과정과도 비슷하다. 타이핑을 배울 때 처음에는 글자들이 어디에 있는지 생각하며 손가락을 움직이지만 나중에는 자신이 쓰고자 하는 단어와 문장을 생각하면 손은 저절로 움직인다. 결국 이것이 핵심이다. 생각을 표현하는 것이 타이핑의 목적이듯 연주자에겐 피아노 건반을 치는 것이 아니라 음악적 표현이 목적인 것이다.[2]

이렇게 연주에 접근하는 방식은 자신의 곡을 쓰기보다 고전 작곡가들의 작품에 생명을 불어넣는 작업을 하는 클래식 음악가들에게 새로운 창조성과 기쁨의 원천이 될 수 있다. 왜냐면 이런 접근법이 연주자가 갖고 있는 진정한 표현의 열망을 자극하기 때문이다. 어려운 악절들을 연주하려고 기술적인 난제와 씨름하고 또 여기에 음악적 숨결을 불어넣으려 애쓰는 대신, 악절에 대해 숙고하는 과정과 음악적 해석이 자연스레 하나로 결합되면서 곡에 대한 '해석'이 음악적인 '의도'로 변화하는데, 이는 대부분 더 높은 수준의 창조성의 근원이 된다.

연주 기술과 음악성은 서로 연결되어 있고 또 그래야만 한다. 명료히 생각하고 고정된 습관에서 자유로워야만 기술을 자유롭게 구사하거나 곡을 해석할 수 있기 때문이다. 그렇다면 기술을 숙달하고자 고생하며 연습하고, 여기에 또 '느낌'을 주입하려 애쓰는 것, 즉 연주 기술과 음악성을 갈라놓는 이분법은 그럴듯한 가짜다. 궁극적으로 연주 기술은 감성을 고양시켜야 하고, 정신을 둔하게 하거나 무감각하게 하는 것이어서는 안 된다. 곡 하나를 기술적으로 숙달하는 법을 배우는 과정은 공연자나 연주를 둔하게 만드는 것이 아니라 오히려 자신의 잠재력과 음악성을 일깨우는 것이어야 한다.

3. 목표는 자신 안에 있다

마지막으로, 기술에서 어떻게 의식적인 숙달에 이를 수 있는지 살펴보도록 하자. 어떤 기술을 배우건, 배우는 과정에서 기울이는 모든 노력은 모두 자기 자신에서 시작된다. 우리 자신이 기술을 배우고 가르치는 데 중추적인 역할을 한다는 것을 인지해야 한다. 하지만 내 경험을 돌아보면 이 중요성을 온전히 인식하는 학생과 교사는 그리 많지 않다.

우리는 기술이 어떤 정신적인 개념(피아니스트의 경우에는 예술적 표현)을 몸으로 표현하는 것이라고 생각하는 경향이 있다. 악기를 연주할 때 움직임과 음악적 표현을 분리해서 생각하는 것이다. 이 때 정신은 몸을 제어하고, 몸은 정신의 명령을 충실히 수행하는 도구처럼 여겨진다. 따라서 기술 수행에서 신체적 요소를 제어하는 데 주의를 기울이는 것을 유용한 것으로 본다거나, 기술 수행의 진정한 노하우는 몸을 잘 다루는 데 있다고 이해할 수도 있다. 하지만 이는 사실이 아니며 이것이 연주를 조율하는 궁극적인 요소도 아니다.

기술을 '어떻게' 수행할 것인지에 면밀히 주의를 기울여야 한다. 이 때 우리는 궁극적으로 자신이 무엇을 원하는지 더 선명히 인식하고 의도를 더 명료하게 수행하는 법을 배우게 된다. 이렇게 명료하게 이해하고 조율된 행동은 애씀 없이 저절로 이루어진다. 우리가 '어떻게'에 주의를 기울일 때 '무엇'은 저절로 해결되는 것이다.

앞서 살펴보았듯이 대개 우리가 알고 있는 일반적인 배움의 방식은 어떤 능력을 얻기 위해 특정 동작을 반복하는 것이다. 하지만 조화로운 행위는 이런저런 근육을 제어한다고 이루어지는 것이 아니다. 왜냐면 이러한 협응은 머리, 몸통, 팔다리를 포함한 근육의 전체적인 연결망 안에서 일어나기 때문이다. 그래서 만약 우리가 기술을 조화로운 방식으로 수행하길 원한다면 이 행위는 몸 '전체'를 방해하지 않는 방식으로 일어나야만 한다.

여기서 질문은, 우리가 이를 어떻게 성취할 수 있느냐는 것이다. 앞서 피아니스트의 경우 연주를 하려고 팔을 들어올릴 때마다 습관적으로 목과 등, 팔다리의 근육이 긴장되었다. 그는 우선 근육계의 상태를 향상시킬 필요가 있었다. 하지만 이렇게 조율된 상태에 익숙해지더라도 연주한다는 생각을 하는 순간 또다시 목과 등, 팔다리가 긴장되곤 했다. 생각만으로도 이런 긴장 패턴이 일어나는데 과연 어떻게 건반 위로 손을 가볍게 들어올릴 수 있겠는가?

앞장에서 우리는 피아노를 배우는 학생이 어떤 행위를 하겠다는 충동이나 생각에 사로잡힐 때 이 욕망이 근육의 적절한 협응을 방해하는 해로운 습관을 유발하는 것을 살펴보았다. 이러한 습관을 피하려면 우리는 행위 그 자체에 대해 생각하지 않고 움직여야 한다.[3] 이는 신체적으로 균형을 이루고, 자신이 사로잡힌 목표에 대한 집착을 내려놓지 않으면 불가능한 일이다. 고요한 마음으로 움직이고자 한다면 생각들이 펼쳐지는 정신의 장場을 고요히 해야 한다.[4] 몸의 적절한 협응을 유지하고, 애쓰려는 욕망을 자제하는 데 초점을 둘 때 이렇게 고요하게 기다리는 행위, '행위를 중단하는 행동'은 새로운 행동을 위한 구심점이 된다. 애쓰는 습관을 깨는 것은 내가 무엇을 하고자 하는지 명료하게 인식하고 이 생각이 균형과 조화로운 상태에서 애씀 없이 실현될 수 있게 해주는 공간을 열어준다.

어떤 행위를 하는 동안에도 온몸의 근육이 온전히 균형을 이루고 몸 전체가 조화로운 상태를 유지할 수 있을 때 연주자는 최소한의 왜곡으로, 별다른 노력 없이 손을 들어올릴 수 있다. 팔의 움직임은 몸 전체와 협응을 이루어 애씀 없이 일어나며, 이는 더 이상 의도적인 행위도 아니고, 그렇게 느껴지지도 않는다. 더 이상 의도적으로 건반을 누르려 애쓰지 않고, 명료한 생각에 손이 반응할 수 있게 손을 내버려 두었기 때문이다.

이런 방식으로 하는 것이 애쓰지 않고 기술을 수행하는 길이다. 보통 음악가들은 자신이 어려운 악절을 제대로 연주할 수 있을지 걱정하곤 한다. 하지만 근육의 협응이 이루어져 균형과 애씀 없는 행위가 가능해지면 주의 집중의 대상이 바뀐다. 의도적으로 연주를 해보려는 노력을 멈추고, 음계를 제대로 연주한다는 목표보다 자신이 어떻게 연주하고 싶은지 생각하는 과정에 주의를 기울임으로써 연주자의 손은 정확한 음을 연주하기 위한 노력이 아니라 치고자 하는 음계에 대한 생각에 이끌려 자연스레 움직이게 된다. 이 때 손이 건반을 잘못 누르는 일은 있을 수 없다. 왜냐면 손이 맹목적인 노력이 아닌, 건반에 대한 인식을 담고 있는 생각에 의해 조율되어 움직이기 때문이다.

이렇게 해로운 습관을 예방하고, 자신이 어떻게 연주할 것인지, 즉 과정에 주의를 기울임으로써 연주자는 단지 행위 방식만 나아지게 하는 것이 아니라 자신의 목표를 더 지성적인 방식으로 달성하게 된다. 목표에 대한 명료한 이해에 따라 일어나는 몸의 움직임은 새로운 방식으로 기술을 수행하게 하고, 미지의 영역을 열어주며, 목표에 이르는 더 효율적인 방법을 발견하는 수단이 된다. 기계적인 방식으로 연습하고 애쓰는 일반적인 배움의 방식이 더 섬세하고 지성적인 과정으로 대체되는 것이다.

이렇게 무언가를 새로운 방식으로 할 때, 더 이상 정신이 몸을 조작하는 방식으로 움직이지 않기에 그 행위가 마치 몸에서 분리되어 있는 것처럼 보인다는 점에 주목해보라. 이렇게 완벽히 조화를 이룬 상태에서 피아노를 연주할 때 자신의 움직임이 낯설고 몸과 분리되어 있는 느낌이 들 수 있다. 손에 대한 직접적인 통제력을 잃고 손이 제멋대로 움직이는 느낌이 드는 것이다. 하지만 하나를 잃으면 다른 하나를 얻는 법. 더 이상 특정 방식으로 움직이고자 손을 조작하려 들지 않는다는 것은 이제 손이 생각에 더 섬세하게 반응해 움직일 수 있다는 것을 뜻한다. 이전에는 피아노를 제대로 연주하려고 자신이 의도적으로 동작을 제어하려 애썼지만 이제는 자신이 원하는 연주에 대한 명료한 생각이 전체 움직임을 조율한다. '올바르게' 연주하려는 노력에서 비롯되던 분주한 움직임이 명료한 의도를 담고 있는 조화로운 움직임으로 바뀐 것이다.

이렇게 생각의 과정 속에서 몸의 움직임이 조율되는 경험은 유아기 때의 경험과도 비슷하다. 어릴 때는 움직임이 저절로 일어나며, 그 결과로 얻는 체험은 아이에게 일종의 경이로운 감각적 경험이다. 그러나 아무리 정신이 깨어 있더라도, 어린아이는 기술의 수행 과정을 숙달하거나 움직임을 조율하는 과정을 의식하지는 못한다. 반면에 애씀 없는 행동을 경험하는 성인은 자신이 어느 정도 숙달했는지 의식할 수 있고, 깨어 있는 정신을 통해 이를 의도적으로 삶의 전반에 적용할 수 있다.

애쓰지 않고 행동한다는 것이 직접적이고 조작적인 통제를 내려놓는 것을 내포한다면 이는 내가 이미 알고 있는 익숙한 느낌과 작별하는 것이기도 한다. 애쓸 때 우리는 옳고 익숙하다는 느낌을 갖는다. 이 익숙함은 자신이 힘과 통제력을 갖고 있다는 느낌을 준다. 하지만 이 익숙한 느낌은 해로운 습관들을 유발하여 우리를 제한하기도 한다. 그래서 애씀 없이 행동하고 자신의 한계를 넘어서려면 그 익숙함의 느낌을 포기해야 하고, 과거에 먹혔던 방법들을 내려놓고 완전히 새로운 방식으로 시도해야 한다.

이런 방식으로 움직일 때 우리는 더 의식적이고 균형 잡힌 상태에 이르게 된다. 산만한 생각들로 정신없이 바쁘고, 목표에 사로잡혀 있는 상태가 아니라, 대상에 약간의 관심만 기울여도 저절로 움직임이 일어나는, 집중되고 평온한 상태가 되는 것이다. 이런 자각 상태에서는 두려워할 것이 없다. 왜냐면 잘못될 일도 없고, 제대로 할 일도 없기 때문이다. 결과에 대한 걱정이나 성공했다는 평판을 얻고 싶은 욕망도 없다. 왜냐면 특정 행동을 제대로 해내겠다는 욕망이 아니라 (생각과 기술 수행의) 과정에 온전히 주의를 기울임으로써 행동이 순수하게 일어나기 때문이다.

의식적인 행위가 애씀 없이도 매우 정확하게 일어날 수 있다는 나의 말이 공상적이거나 과장된 얘기로 비춰질 수 있겠다. 하지만 애씀 없이도 부드럽고 정밀하게 일어나는 움직임은 자연의 원리일 뿐이며, 동물의 왕국 어디에서든 관찰할 수 있다. 우리는 신체에 대한 이해를 배움에 적용해 애씀 없는 행동을 낳는 요소를 의식적으로 활용할 수 있다. 우리에게는 지성을 적용해 자연의 원리에 따라 애씀 없이 움직일 수 있는 잠재력과 이를 일깨울 수 있는 능력이 있다. 움직임에 의식적으로 지성을 적용할 수 있게 되면 우리는 좀 더 완벽에 다가가게 되고, 이 행위는 기적적인 것으로 보이기도 한다. 이 때 반복과 애씀에 기초한 낡은 배움의 방식은 상대적으로 따분하고 하찮은 것으로 여겨진다.

누군가는 왜 의식적으로 뭔가를 수행하는 것이 본능적인 행위보다 더 나은지 물을 수 있겠다. 이론상으로는 의식적인 행위가 본능적인 행위보다 우월하다고 말할 수 없다. 동물이나 아이들 경우 아무것도 배우지 않아도 거의 무의식적 수준에서 부드럽고 애씀 없이 움직이기 때문이다. 하지만 시간이 지나면서 성인들의 무의식적인 행위는 그다지 믿을 수 없는 것이 되어버린다. 아주 간단한 동작조차도 몸의 자연스러운 조화와 협응을 방해하는 긴장으로 말미암아 뭔가 어색하고 위태로운 움직임이 되어버리기 때문이다. 몸의 조화와 협응을 회복하고 행위를 지성적으로 제어하는 유일한 방법은 움직임을 의식적인 수준에서 다시 학습하는 것뿐이다.

이렇게 기술 수행에 의식적인 움직임의 원리를 적용할 때 우리는 궁극적으로 배움의 과정 그 자체를 장악할 수 있게 된다. 낡은 방식으로 배울 때 학생은 스윙을 제대로 하기 위해, 음계를 바르게 연주하여 원하는 목표에 이르기 위해 애쓰곤 했다. 이런 학습 방식은 우리가 뭔가를 정확하게 수행함으로써 성취해야 할 목표가 저 바깥에 있다는 환상을 강화한다. 이는 제대로 해야 한다는 강박과 옳게 하려고 애쓰는 습관만을 키우며, 애씀에서 오는 거짓된 만족과 환상에 불과한 기쁨에 젖게 만든다. 하지만 이런 즐거움은 경기에 지거나 능력 발휘를 제대로 못하거나 실력 향상이 잘 안 될 때면 쉽게 무너져버린다.

목표는 우리 밖에 있지 않다. 공을 쳐서 홀에 넣는 것이나 음계를 연주하는 것은 사실 전적으로 자기 안의 여러 요소들을 어떻게 조율하느냐의 문제이기 때문이다. 목표를 자기 안의 한 요소로 인식할 때 외적인 목표 달성에 대한 걱정은 사라진다. 목표가 외적인 도전 과제가 아닌 내적인 훈련으로 받아들여지기에, 지성적이지 않은 애씀으로 목표를 성취하려는 열망을 내려놓게 되는 것이다.

의식적으로 행동하는 법을 터득할 때, 우리는 배움에서 의지에 가득 찬 행위의 한계와 성공이란 무언가를 올바르게 행하는 것이라는 믿음의 무익함을 깨닫게 된다. 성공하고자 하는 의지와 제대로 하려는 욕망은 잘 균형 잡히고 조화를 이룬 행동을 방해하는 습관들을 불러일으켜 실패로 이어지게 만들고 발전과 성장을 방해한다. 또한 이런 노력은 '옳고 그름'이라는 관념에 기초해 있다. 올바르고자 애쓰는 것 속에는 틀릴 가능성이 들어 있다. 다시 말해 목표를 이루려는 욕망 안에는 그 반대, 즉 목표를 성취하지 못하는 가능성이 이미 내포되어 있는 것이다.

연주 실력을 향상시키기 위해 건반을 제대로 누르려 반복해서 애쓰는 이면에는 피아노가 극복해야 할 도전 과제인 양 믿는 마음이 깔려 있다. 하지만 우리가 극복해야 할 실질적인 장애물은 자기 자신이다. 우리가 악보를 생각하지 않는 한 피아노에서 특정 순서대로 연주해야 하는 음계란 존재하지 않는다. 피아노는 피아노일 뿐이며 이를 연주하는 것은 전적으로 피아니스트의 지성과 움직임에 달린 문제다. 그렇다면 피아노를 능숙하게 연주한다는 것은 특정한 소리를 내는 문제가 아니라 연주자가 높은 수준의 지성과 주의에 이르는 데 달려 있으므로, 궁극적인 목표는 피아노가 아니라 자기 자신 안에 있는 셈이다.

결과에 대해 관심을 갖는 것, 무언가를 제대로 하려는 것도 사실은 우리 자신의 일부분이 아니겠냐고 반문할 수 있겠다.

하지만 결과에 신경 쓰는 것은 우리가 그릇된 대상에 집착하고 있고, 행동을 조율하는 요소들을 제어할 능력이 없음을 암시한다. 반면에 결과를 걱정하지 않고, 기술을 수행하는 데 자기 자신이 중추적인 역할을 한다는 것을 인식하게 되면 기술에 대한 더 큰 제어력을 갖게 된다. 시간을 들여 이런 원리를 배우는 학생은 분별없는 애씀과 습관에 의존해 성취할 수 있는 수준을 훨씬 넘어선 능숙함과 이해에 이르게 된다.

그저 무언가를 제대로 하려고 애만 쓰는 방식으로 배우는 것은 결코 교육적인 경험이 아니며 스스로를 기계적이고 우둔하게 만드는 과정일 뿐이다. 반면 배움이 목표에 이르는 수단을 '지성적으로' 갈고 닦는 것일 때 배움은 참된 교육적 과정이 된다. 우리는 이를 통해 단지 기술의 향상과 숙달뿐만 아니라 궁극적으로 자기 자신을 이해하고 조율할 수 있는 경지self-mastery에 이르게 된다.

후주

1장. 배우는 법

1. D. Blum, A Process Larger Than Oneself, The New Yorker 65호, 48p, 89/1/5

2. Herbert Axelrod, 『Heifetz』 Paganiniana Publications 123-126pp

3. 이 개념에 대해 좀 더 생생한 설명을 원한다면 존 듀이의 『Art as Experience, 예술로서의 경험』 44-50pp 참고.

4. 존 홀트, 『아이들은 왜 실패하는가』, 아침이슬, 공양희 역

2장. 기술의 구성 요소

1. Nelson Randy, 『The Overlook Martial Arts Reader』 295-297pp

2. 윌리엄 제임스, 『심리학의 원리』, 아카넷, 정양은 역

3. Raymond Dart, 『Skill and Poise』

4. 같은 책

5. Dean Juhan, 『바디 워크, Job's body』 군자출판사, 송미연 역

6. 같은 책

7. 같은 책

8. 잭 니클라우스, 『Golf my way』, 팩컴북스, 위선주 역

또 다음을 참고하라.

Lazarus, 『In the Mind's Eye: The Power of Imagery for Personal Enrichment』

Nideffer, 『The Inner Athlete』

'Body thinking' : psychology for olympic athletes "Psychology Today" 7월호

'Imagery rehearsal : application to performance enhancement' Behavior Therapist 8호

'Learning a complex skill : Effects of Mental Practice, Physical Practice, and Imagery Ability' International Journal of Sport Psychology 1979/2/10

3장. 긴장의 문제

1. F.M. 알렉산더는 머리와 목에서 일어나는 반사작용이 움직임과 자세의 패턴에 지대한 역할을 미친다는 것을 보여주었다. 알렉산더는 『The Use of the Self』(국내본: 알렉산더 테크닉: 내 몸의 사용법, 판미동, 이문영 역)에서 머리와 몸통 관계의 원리를 설명하고, 이 관계가 잘못될 때 생기는 긴장과 그 긴장이 몸의 전체적인 기능을 어떻게 방해하는지에 대해 설명한다.

2. 머리와 몸통의 관계에 대해 더 탐구하고자 한다면 F.M. 알렉산더의 『Bedford Physical Training Lecture』175쪽을 참고하라. 『Freedom to Change』 'What is the mechanism?' 32-33쪽도 참고하라. 마그누스 루돌프가 1925년에 출간한 『Animal Posture』 339-353쪽 『Physiology of Posture』도 참고하라. 마그누스는 이 책에서 자신이 동물들과 했던 실험을 설명하며 머리와 목 반사가 움직임을 조율하는 핵심 역할을 한다는 것을 보여준다.

3. 인간의 직립 자세와 그것이 기술 수행 능력에 미치는 역할에 대한 기술적인 분석을 원한다면 레이몬드 다트의 『Skill and Poise』에서 '균형을 이룬다는 것The Attainment of Poise', '인체의 수의근: 이중 나선형 배치Voluntary Musculature in the Human Body: The Double-Spiral Arrangement', '부정교합이 자세에 미치는 영향The Postural Aspect of Malocclusion' 등을 참고하라.

4. Magnus Rudolf, 『Body Posture』 244, 345p

4장. 긴장과 수행불안

1. 존 홀트, 『아이들은 왜 실패하는가』, 아침이슬, 공양희 역
2. 오이겐 헤리겔, 『마음을 쏘다, 활』, 걷는책, 정창호 역

5장. 반응의 역할

1. 19세기 생리학자인 윌리엄 카펜터는 『정신생리학의 원리Principles of Mental Physiology』에서 일상 행동들은 사실 자동반응적 행동이고 이를 "생각-운동 행동ideo-

motor actions"이라는 개념으로 설명하며 행동이 의지를 뒤따른다는 관점을 반박했다. 윌리엄 제임스의 『The Principles of Psychology 심리학의 원리』에서 '의지The Will' 챕터를 참고하시길.

2. 윌리엄 제임스는 『Talks to Teachers』117-118쪽에서 일상 행동의 자동적인 속성에 대해 이렇게 정의했다. "에티켓과 관례, 옷을 입고 벗는 것, 서로 인사하는 것 등 우리가 삶을 살아가면서 일상 속에 스며드는 모든 행동들은 빠르고 망설임 없이, 거의 반자동적으로 수행됩니다. 이 행동들이 물론 우리의 의식 어디에선가 진행되고 있는 것 같지만, 이 행동 외에 수없이 다양한 것들이 의식의 중심부를 차지하고 있지요." 『심리학의 원리』에서 윌리엄 제임스는 생각과 행동 사이의 연결 관계에 대해 흥미로운 점을 지적한다. "관념-운동 행동이 늘 자명한 진실이 아닌 이유가 있어요. 우리 안에 행동으로 이어지지 않는 생각들이 얼마나 많습니까."

3. 저자의 책 『The Undivided Self』에서는 생각-운동 행동의 문제와 이를 어떻게 의식적인 수준으로 끌어올릴 수 있는지 탐구한다.

4. 『The Undivided Self』19-30쪽에서 피아노를 배우는 경험에 대해 이야기하며 행동을 의식적인 수준으로 끌어올리는 실질적인 도전 과제들에 대해 묘사한다.

5. 의식적인 제어 능력을 성취하는 과정에 대한 충분한 이론적인 이해가 필요하다면 『The Undivided Self』 마지막 장을 참고하라.

6장. 습관의 역할

1. 마이클 폴라니는 『개인적 지식』(아카넷, 표재명 역)에서 우리가 기술을 수행하는 방식을 논리적으로 구술하거나 명시할 수 없다고 지적한다. 우리는 "성공에 이르는 길을 느낄 뿐이고, 그래서 우리가 무언가를 어떻게 하는지에 대해서는 알지 못한 채 계속 성공할 수도 있다." 이를 달리 말하면 기술 전문가가 어떻게 좋은 결과를 내는지에 대한 지식을 전달하지 못할 수도 있다는 말이다.

2. 예를 들어 대부분의 노래 교육법에서는 평범한 기수들이 턱을 죄는 경향성 등을 인식하고, 턱의 근육을 자유롭게 하는 구체적인 훈련들을 추천한다. 『자유로운 음성을 위하여』(크리스틴 링크레이터, 동인, 김혜리 역)를 참고하라.

3. 존 듀이는 『Human Nature and Conduct』33쪽에서 이렇게 말한다. "부적절한 습관이 있는 사람이 그 습관에 따라 행동하면 무슨 일이 벌어질까? 분명 생각은 신체라는

매커니즘을 통해서만 수행될 수 있다. 그 매커니즘에 결점이 있거나 왜곡되어 있다면 아무리 선한 의도일지라도 나쁜 결과를 낳을 수 있다."

4. 듀이는 이어 34쪽에서 이렇게 말한다. "목표에 도달하기 위해서는 마음을 거기에서 떼어놓고, 그 다음 행동에 주의를 기울여야 한다. 우리는 과정을 목표로 삼아야 한다." "중간 과정의 행위들을 마치 목표처럼 진지하게 받아들이기 전까지는 습관을 바꾸려는 그 어떤 노력도 시간 낭비일 뿐이다. 중간 과정에서 가장 중요한 것은 다음 행동이다. 목표는 끝이 아니라 처음에 있다. 어떻게, 어떤 방법으로 시작하느냐가 우리가 발견해야 할 가장 중요한 목표다." (같은 책 35쪽) 목표와 수단의 문제에 대한 그의 전체 논의를 따라가려면 『Human Nature and Conduct』 34-37쪽을 참고하라. 또한 F.M. 알렉산터가 『Man's Supreme Inheritance』 174-175쪽에서 '목표에 이르는 적절한 수단을 선택하는 원리'에 대해 논한 글을 참고하라.

7장. 행위 안에서의 무위

1. 『The Inner Game of Tennis』 -Timothy Gallway

8장. 무위의 기술 배우기

1. 이 주제에 대한 좀 더 심층적인 탐구를 위해서는 F.M 알렉산더의 『Constructive Conscious Control of the Individual』 198쪽 참고. 이 책에서 알렉산더는 '교정하는' 호흡 기법들과 '의식적이고 전반적인 재교육, 재조절, 협응에 기초를 둔' 자신의 교육 방법을 대조시킨다.

2. 상상이 기술을 숙련된 방식으로 수행하도록 제어하는 기능에 대한 정보를 얻으려면 V.A Howard의 『Artistry : The Work of Artists』 136쪽 참고.

3. 행동한다는 생각 없이 행동한다는 것의 문제에 대해 좀 더 깊이 생각해보길 원한다면 저자의 책 『The Undivided Self』 163-174쪽 참고.

4. 정신을 고요하게 하는 주제에 대한 내용은 『The Undivided Self』 148-163쪽 참고.

참고문헌

Alexander, F. Matthias, Constructive Conscious Control of the Individual
(London: STAT Books, 1997).

Alexander, F. Matthias, Man's Supreme Inheritance (London: Mouritz, 1996).

Alexander, F. Matthias, The Universal Constant in Living (London: Mouritz, 2000).

Alexander, F. Matthias, The Use of the Self (London: Victor Gollancz, 1996).

Alexander, F. Matthias, Articles and Lectures (London: Mouritz, 1995).

Arrau, Claudio, Conversations with Arrau (New York: Limelight Editions, 1984).

Auer, Leopold, Violin Playing as I Teach It (New York: Duckworth, 1960).

Axelrod, Herbert, ed., Heifetz (Neptune City, NJ: Paganiniana Publications, 1976).

Bainbridge Cohen, Bonnie, Sensing, Feeling, and Action: The Experiential Anatomy
of Body-Mind Centering (Northampton: Contact Editions, 1993).

Bartenieff, Irmgard, Body Movement: Coping with the Environment(New York:
Gordon and Breach Science Publishers, 1980).

Basmajian, John V., "Control of individual motor units," American Journal of
Physical Medicine 46, no. 1, 1967.

Basmajian, John V., Muscles Alive: Their Functions Revealed by Electromyography
(Baltimore: Williams and Wilkins, 1962).

Bonpensiere, Luigi, New Pathways to Piano Technique: A Study of the Relations
Between Mind and Body with Special Reference to Piano Playing (New York:
Philosophical Library, 1953).

Borger, Robert, and Seaborne, A.E.M., The Psychology of Learning
(London: Penguin, 1966).

Braden, Vic, and Bruns, Bill, Teaching Children Tennis (New York: Little, Brown
and Co., 1980).

Carpenter, William B., Principles of Mental Physiology, with Their Applications to
the Training and Discipline of the Mind, and the Study of Its Morbid Conditions
(New York: Appleton and Co., 1887).

Coghill, G.E., "Appreciation: The Educational Methods of F. Matthias Alexander,"
in Alexander, F.M., The Universal Constant in Living (London: Mouritz, 2000).

Collins, G., Violin Teaching in Class (Oxford: Oxford University Press, 1962).

Dalcroze, Jacques, Rhythm, Music and Education (New York: G. P. Putnam, 1921).

Dart, Raymond, Skill and Poise (London: STAT Books, 1996).

De Alcantera, Pedro, Indirect Procedures (Oxford: Oxford University Press, 1997).

Deese, James, The Psychology of Learning (New York: McGrawHill, 1958).

Dewey, John, Art and Education (New York: G.P. Putnam, 1934).

Dewey, John, Art as Experience (New York: Capricorn Books, 1958).

Dewey, John, Democracy and Education (New York: MacMillan Co., 1964).

Dewey, John, Experience and Nature (New York: Dover, 1958).

Dewey, John, Human Nature and Conduct (New York: The Modern Library, 1922).

Dewey, John, Theory of Valuation (Chicago: University of Chicago Press, 1969).

Dewey, John, "The unity of the human being," in Intelligence in the Modern World, ed. J. Ratner (New York: Knopf, 1939).

Dimon, Theodore, Anatomy of the Moving Body (Berkeley: North Atlantic Books, 2001).

Dimon, Theodore, Performing Arts, Pedagogy, and the Work of F. M. Alexander, Doctoral Dissertation, Harvard University, 1987.

Dimon, Theodore, The Undivided Self (Berkeley: North Atlantic Books, 1999).

Dimon, Theodore, "The Control of Tension: A New Field for Prevention," self-published by Day Street Press, available through the Dimon Institute, 1988.

Dimon, Theodore, "A Brief History of Mind/Body Techniques," self-published by Day Street Press, available through the Dimon Institute, 1988.

Draeger, D., and Smith, R., Comprehensive Asian Fighting Arts (New York: Kodansha International Ltd., 1980).

Feldenkrais, M., Body and Mature Behavior (New York: International Universities Press, Inc., 1949).

Fuchs, Viktor, The Art of Singing and Voice Technique: A Handbook for Voice Teachers, for Professional and Amateur Singers (London: Calder and Boyards, 1973).

Furtwängler, Wilhelm, Notebooks 1924–1954, trans. Shaun Whiteside, ed. Michael Tanner (London: Quarter Books, 1989).

Gallwey, Timothy, The Inner Game of Tennis (New York: Random House, 1997).

Gardner, Howard, Frames of Mind: The Theory of Multiple Intelligences (New York: Basic Books, 1983).

Grindea, Carola, ed., Tensions in the Performance of Music (London: Kahn and Averill, 1995).

Herrigel, Eugen, Zen in the Art of Archery (New York: Random House, Inc., 1981).

Holt, John, How Children Fail (Reading, MA: Perseus Books, 1982).

Howard, V.A., Artistry: The Work of Artists (Cambridge: Hackett Publishing Company, 1982).

Husler, Frederick, and Rodd-Marling, Yvonne, Singing: The Physical Nature of the Vocal Organ (London: Hutchinson, 1976).

Huxley, Aldous, Ends and Means (London: Chatto and Windus, 1946).

Huxley, Aldous, "End-Gaining and Means-Whereby," The Saturday Review of Literature, Oct. 25, 1941.

Hyams, Joe, Zen in the Martial Arts (New York: Jeremy P. Tarcher/Putnam, 1979).

James, William, The Principles of Psychology (New York: Dover, 1950).

James, William, Psychology, The Briefer Course (New York: Harper and Row, 1961).

James, William, Talks To Teachers (New York: W.W. Norton and Co., 1958).

Jones, F.P., Frank Pierce Jones: Collected Writings on the Alexander Technique, privately printed by the Alexander Technique Archives, Inc., 1998.

Jones, F.P., Freedom to Change: The Development and Science of the Alexander Technique (London: Mouritz, 1997).

Jones, F.P., "Method for changing stereotyped response patterns by the inhibition of postural sets," Psychological Review 72:196–214, 1965.

Juhan, Dean, Job's Body (Barrytown NY: Station Hill, 1998).

Kagen, Sergius, On Studying Singing (New York: Dover Publications, Inc., 1950).

Kenneson, Claude, A Cellist's Guide to the New Approach (New York: Exposition Press, 1974).

Kentner, Louis, The Art of Playing the Piano (New York: Dover Publications, 1963).

Laban, Rudolf, The Language of Movement: A Guidebook to Choreutics, annotated and edited by Lisa Ullmann (Boston: Plays, 1974).

Laban, Rudolf, Effort: Economy in Body Movement (Boston: Plays, 1974).

Laban, Rudolf, Modern Educational Dance, 3rd. ed., revised with additions by Lisa Ullmann (London: Macdonald and Evans, 1975).

Lamperti, Giovanni Battista, Vocal Wisdom: Maxims Transcribed and Edited by William Earl Brown (New York: Taplinger Publishing Co., 1931).

Langer, Ellen J., Mindfulness (Reading, MA: Addison-Wesley, 1989).

Langer, Ellen J., The Power of Mindful Learning (New York: Addison-Wesley, 1997).

Lawther, John D., The Learning and Performance of Motor Skills (Englewood, NJ: Prentice-Hall, 1977).

Lazarus, A., In the Mind's Eye (New York: Rawson Associates, 1977).

Lee, Bruce, The Tao of Jeet Kune Do (Burbank, CA: Ohara Publications, Inc., 1975).

Lindsley, D.B., "Electrical activity of human motor units during voluntary contraction," American Journal of Physiology 114:90–99, 1935.

Linklater, Kristin, Freeing the Natural Voice (New York: Drama Book Specialists, 1976).

Luthe, W., "Method, research and application of autogenic training," American Journal of Clinical Hypnosis 5:17–23, 1962

Magnus, R., "Animal Posture," Proceedings of the Royal Society of London, 1925, 98 (Ser. B):339–53.

Magnus, R., "Physiology of Posture," Lancet 211:531–36, 1926.

Magnus, R., Body Posture (Körperstelling) (Berlin: Springer, 1924).

Magnus, R., "The Physiological a priori," Lane lectures on experimental pharmacology and medicine: III, Stanford University Publications (Series Vol. 2, No. 3): 331–37, 1930.

McCormack, E.D., Frederick Matthias Alexander and John Dewey: A Neglected Influence, Doctoral Dissertation, University of Toronto, 1958.

McDermott, John J., The Philosophy of John Dewey (Chicago: The University of Chicago Press, 1973).

McTeigue, Roy, The Keys to the Effortless Golf Swing (New York: Atheneum, 1986).

Minas, S.C., "Mental practice of a complex perceptual motor skill," Journal of Human Movement Studies 4, 78, 1975.

Mozart, L., A Treatise on the Fundamentals of Violin Playing (Oxford: Oxford University Press, 1975).

Murphy, Michael, The Future of the Body (Los Angeles: Jeremy Tarcher, 1993).

Nelson, Randy F., ed., Martial Arts Reader—Classic Writings on Philosophy and Technique (Woodstock, NY: Overlook Press, 1989).

Neuhaus, Heinrich, The Art of Piano Playing, trans. K.A. Leibovitch (London: Barrie and Jenkins, 1973).

Nideffer, R., The Inner Athlete (New York: Thomas Crowell, 1976).

Nicklaus, Jack, Golf My Way (New York: Simon and Schuster, 1974).

Piaget, Jean, and Inhelder, B., The Psychology of the Child (New York: Basic Books, 1968).

Piaget, Jean, The Construction of Reality in the Child (New York: Basic Books, 1954).

Piaget, Jean, Play, Dreams, and Imitation (New York: Norton, 1962).

Pierce, A., and Pierce, R., Expressive Movement: Posture and Action in Daily Life, Sports and the Performing Arts (New York: Plenum Press, 1989).

Polanyi, Michael, Personal Knowledge (Chicago: University of Chicago Press, 1958).

Polanyi, Michael, The Tacit Dimension (New York: Doubleday and Co., Inc., 1966).

Reid, Cornelius, The Free Voice, A Guide to Natural Singing (New York: Joseph Patelson Music House, 1972).

Reid, Cornelius, Essays on the Nature of Singing (Huntsville, TX: Recital Publications,

참고문헌

1992).

Sacks, Oliver, The Man Who Mistook his Wife for a Hat and Other Clinical Tales (New York: Harper Perennial, 1990).

Sacks, Oliver, A Leg to Stand On (New York: Summit Books, 1984).

Schultz, Johannes, "The clinical importance of 'inward seeing' in autogenic training," British Journal of Medical Hypnotism, 1960.

Schultz, J.H., and Luthe, W., Autogenic Training: A Psychophysiologic Approach in Psychotherapy (New York: Grune and Stratton, 1959).

Sherrington, C.S., The Brain and Its Mechanism (London: Cambridge University Press, 1937).

Sherrington, C.S., The Endeavor of Jean Fernel (London: Cambridge University Press, 1906).

Sherrington, Charles, The Integrative Action of the Nervous System (New Haven: Yale University Press, 1961).

Smith, Olive, "Action potentials from single motor units in voluntary contraction," American Journal of Physiology 108:629–38, 1934.

Spearman, C., The Abilities of Man (New York: Macmillan, 1997).

Suinn, R., "Body thinking: psychology for olympic athletes," Psychology Today (July) 10:38–43, 1976.

Suinn, R., "Imagery rehearsal: application to performance enhancement," Behavior Therapist 8:155–59, 1985.

Suzuki, D. T., Zen and Japanese Culture (Princeton: Princeton University Press, Bollingen Series, 1959).

Sweigard, Lulu E., Human Movement Potential (New York: Harper and Row, 1974).

Taylor, Harold, The Pianist's Talent (Los Angeles: Centerline Press, 1973).

Tobias, Philip V., "Man, the tottering biped: the evolution of his posture, poise and skill," ed., David Garlick, Proprioception, Posture and Emotion (Sydney: Centerline Press, 1983).

Todd, Mabel E., The Hidden You (New York: Dance Horizons, 1953).

Todd, Mabel E., The Thinking Body (New York: Dance Horizons, 1937).

Vennard, William, Singing: The Mechanism and the Technique (New York: Carl Fischer, Inc., 1967).

Welford, A.T., Fundamentals of Skill (New York: Methuen and Co., 1968).

Welford, A.T., Skilled Performance—Perceptual and Motor Skills (Glenview, IL: Scott, Foresman and Company, 1976).

White, K.D., Ashton, R., and Lewis, S., "Learning a complex skill: effects of mental practice, physical practice, and imagery ability," International Journal of Sport Psychology 10, 2, 1979.

Wolpe, J., The Practice of Behavior Therapy (New York: Pergamon, 1974).

Wolpe, J., Psychotherapy by Reciprocal Inhibition (Stanford: Stanford University Press, 1958).

즐겁게 배우는 법

어떻게 하면 공부라는 이름의 '노동'을
삶을 풍요롭게 살아가는 '배움'의 과정으로 변화시킬 수 있을까?

2013년 봄 즈음 이 책을 처음 읽었다. 단골 카페에 앉아 밑줄을 긋고 책 여기저기에 메모를 하며 재미있게 읽었던 기억이 난다. 누군가 이 책을 번역해서 한국에 소개해주기를 바랐다. 이런 책이 한국에 소개되면 우리 삶이 좀 더 나아질 것 같아서였다. 그러다 2016년 초 우연히 민들레출판사와 인연이 닿아 이 책을 번역하게 되었고, 마침내 출간이 되어 기쁘다. 이 책에서 제시하는 원리들이 우리가 그간 놓쳐왔거나 경시해왔던 배움과 가르침에 대한 중요한 통찰을 제공한다고 믿기 때문이다.

한국 사회에서는 공부가 대개 성공이나 신분 상승의 도구로 여겨진다. 뭔가를 증명하거나 어떤 성취를 위한 '결과'에만 주의가 집중되면, 뭔가를 배우면서 실력이 늘고 즐거움을 느끼며 내적으로 성장하는 배움의 '과정'에는 소홀하기 쉽다. 그래서 과정은 힘겹고 재미없지만 꾹 참고 배우면 그 뒤에 성공과 성취의 기쁨을 누리게 된다는 고진감래의 신화가 계속해서 되풀이된다.

우리 사회만큼 '공부'와 '교육'에 관심 있는 사회도 드물다. 하지만 사실 우리는 특정한 목표나 결과를 내기 위한 '노동'을 하고 있는 경우가 많다. 공부와 노동은 다르다. 짧게 정리해보면 이렇다. 무언가를 하는 과정을 숙달해가는 것은 공부다. 무언가를 해내는 것에만 초점을 맞추고 애쓰는 것, 이건 공부라는 이름의 노동이다. 공부를 한다는 것이 좋은 성적을 얻거나 어떤 시험에 합격하는 것과 같은 뜻이 되어버릴 때, 우리는 공부라고 말하지만 사실은 노동을 하고 있는 셈이다. 그 때 우리는 공부를 재미없는 일로 여기게 되고, 학교를 졸업하는 순간 배움과는 인연을 끊게 된다. 나는 이것이 우리 삶에서 일어나고 있는 비극 중 하나라고 생각한다. 결과를 내는 데만 집중할 때 우리는 제대로 배우지 못한다. 저자의 말을 빌리자면 이 때 우리는 '눈감고 애만 쓸' 뿐이다. 어떻게 하면 공부라는 이름의 '노동'을 삶을 풍요롭게 살아가는 '배움'의 과정으로 변화시킬 수 있을까?

어쩌면 내 삶의 경험담 하나가 이 질문에 대한 하나의 답이 될지도 모르겠다. 나는 청소년기에 운동을 좋아해서 매일 탁구를 연습하며 어떻게 하면 실력이 더 늘 수 있나 고민했다. 그래서 자연히 다른 사람들은 어떻게 탁구를 배우고 있나 살퍼보게 되었는데, 그 과정에서 아이러니를 느낄 때가 종종 있었다. 어떤 사람은 탁구를 배운 지 얼마 되지 않았는데도 실력이 쑥쑥 늘었지만, 어떤 사람은 십 년 이상 탁구를 쳤다는데도 여전히 초보자 수준에 머물러 있었기 때문이다. 그 때 나는 단순히 탁구를 오래 많이 친다고 해서 실력이 느는 것은 아니라는 것을 깨달았다. 실력이 늘기 위해서는 단순히 '노력하면 된다'는 구호가 아닌 뭔가 다른 것이 필요하다는 것을 눈치챘지만, 그게 뭔지는 잘 몰랐다.

그 비밀을 찾고 싶어서 다시 사람들과 나 자신을 관찰하기 시작했다. 아마추어들은 대개 자신을 관찰하고 기본 원리를 이해하면서 기술을 터득하기보다는 주변 사람들을 모방하며 배우는 경우가 많았다. 이렇게 기술을 배우면 그것이 나중엔 습관이 되어 자신에게 익숙한 (하지만 대개는 별로 효율적이지 못한) 방식으로만 기술을 구사하게 된다. 그 뒤엔 연습을 한다며 잘못된 방식의 스윙만 반복하게 되고, 이는 몇 년씩 탁구를 쳐도 실력이 제자리를 맴도는 결과를 낳는다. 결국 '주변 사람을 모방하는 것'이나 '해내려고 애만 쓰는 것'은 우리를 엇나가게 만들기 쉽기 때문에 이것은 적절한 배움의 방식이 아니었다.

나는 우선 몸과 움직임의 원리를 이해하고 그걸 공을 치는데 적용해야 한다는 걸 깨달았다. 탁구를 배우는 데 우선적으로 필요한 건 '공을 네트 너머로 넘기는 것'이 아니라 자신의 몸과 움직임의 원리를 이해하고 이것을 공을 치는 데 적용하는 '지성적인 연습'이었다. 이렇게 몇 가지 원리를 이해하고 그 원리를 내면화 했을 때, 나는 제대로 '연습'이라는 걸 할 수 있었다. 공을 '잘 치는데' 집중하기보다는 내가 지금 터득해야 할 '원리를 유념하는 데' 집중하기 시작했다. 새로운 원리를 발견하고 이를 적용하니 연습이 재미있어지기 시작했다. 그 결과 실력도 더 빠르게 늘었다.

또 나 자신을 관찰하면서 승부나 결과에 집착하는 것, 실수를 했을 때 스스로를 질책하는 것, 이기는 것에서 기쁨을 찾는 것이 배우는 데는 별로 도움이 되지 않는다는 것을 알게 되었다. 이기려는 마음이 처음에는 동기부여가 될 수 있다. 하지만 그것이 배움에는 별로 도움이 되지 않는다는 사실이 내게 큰 깨달음을 주었다. 시합 중에 공을 세게 넘기려고 하거나 이기고 싶다는 욕망이 자꾸 고개를 들지만 거기에서 주의를 거두고, 내 몸의 균형과 움직임 그리고 준비 상태에 주의를 기울인다는 결심을 계속 따라야 한다는 것을 배웠다. 이렇게 생각을 전환했을 때 탁구가 더 쉬워졌고, 또 누군가에게 탁구를 더 쉽게 가르칠 수 있었다.

이런 방식으로 연습과 경기를 하는 것은 마치 나를 가다듬어가는 수행처럼 느껴졌다. 라켓을 내려놓은 지 꽤 오래되었지만, 그 때 탁구를 치며 발견한 것들은 무엇을 하건 적용할 수 있는 배움의 길잡이가 되어주었다. 이 책의 저자도 어떤 기술의 원리를 이해하고 그것을 고수하는 것, 결과에 대한 집착을 내려놓는 것이 필요하다고 강조한다.

눈에 보이는 결과에만 집중하는 습관은 우리가 빠지기 쉬운 함정 중 하나다. 이를테면 탁구를 칠 때는 공을 강하게 치려고만 하거나, 피아노를 연주할 때는 건반을 누르는 데 급급하게 되는 것이다. 이 때 우리는 어떤 결과를 내는 데 자신의 생각과 움직임이 영향을 미친다는 것을 망각하고, 애만 쓰게 된다. 하지만 우리가 일차적으로 주의를 기울여야 하는 대상은 공이나 피아노가 아니라 자기 자신이다. 무언가를 하기 위해서는 우선 내 안에서 생각과 움직임을 조율해가는 과정이 필요하기 때문이다. 그래서 어떤 기술을 배운다는 건 일차적으로 자신의 생각과 움직임을 가다듬어간다는 의미이고, 이 때 우리는 어떤 원리에 따라 작업을 해나가야 한다. 배움에 이런 방식으로 접근해야만 우리는 의식적으로 기술을 터득할 수 있고, 또 자신에 대한 지혜를 얻을 수 있다.

어떤 결과를 내는 데만 집중하면 우리는 배우거나 가르치는 게 아니라 노동을 하게 될 뿐이다. 이 때 우리는 어떤 기술을 의식적으로 배우고 그 안에 담긴 원리를 터득하는 데 실패하게 되며, 애만 쓰다가 몸과 마음을 소진시켜 신체적인 고통이나 심리적인 괴로움을 겪기도 한다. 만약 눈에 보이는 결과를 내는 데만 집중하기보다 어떤 기술의 원리를 차분히 체득해가는 방식으로 배울 수 있었다면 우리 삶에서 무엇이 달라졌을까? 공부와 배움이 병과 고통을 낳기보다 오히려 몸과 마음의 건강과 활력을 더하는 과정이 되지 않을까? 이 때 우리는 더 잘 배울 수 있고, 삶도 좀 더 행복해지지 않을까?

번역하는 과정에서 종종 그간 내가 만났던 훌륭한 스승들에 대한 감사함과, 그렇지 못한 교사에 대한 안타까운 마음이 교차했다. 예전에 나는 무언가를 많이 아는 사람이 좋은 스승이라고 생각했다. 하지만 지금은 좋은 스승이란 학생이 의식적으로 배우고 성장할 수 있도록 돕는 사람임을 배웠다.

그리고 내가 지금까지 삶과 배움에 접근해온 방식들을 하나씩 곱씹어보았다. 나는 배운다는 것과 결과물을 내는 것이 같은 것이라고 착각했다. 하지만 결과에만 집착하면서 무언가를 할 때는 내가 무엇을 하고 있는지는 잘 모르는 상태에 처한다. 그래서 결과에 대한 집착을 내려놓고 그 과정을 생각하는 것이 배움에 꼭 필요한 자세라는 걸 배웠다. 또한 나는 애쓰는 것이 배움이라고 생각했다. 하지만 맹목적인 애씀은 아는 것만을 반복하게 만들 뿐 배움을 방해하기 때문에 오히려 애씀을 멈추는 것이 새로운 배움의 출발점이 될 수 있음을 배웠다. 그러면서 어느새 내게 배움은 삶을 다르게 살아가는 기술임과 동시에 한 인간의 변화와 성장의 잠재력이 담겨 있는 신비의 영역이 되었다.

만약 배움과 가르침의 과정을 더 즐겁고 알차게 만들고 싶다면, 이 책에서 그것이 '어떻게' 가능한지에 대한 몇 가지 힌트를 발견할 수 있을 것이다. 어쩌면 저자가 제안하는 배움과 가르침의 원리들은 우리에게 조금 낯설고 새로운 것일 수도 있다. 예를 들어 우리는 배움에서 몸과 움직임의 중요성을 경시한다. 하지만 몸의 균형이나 움직임에 대한 배움은 연습이나 기술 숙달에서 꽤 중요한 요소다. 기술과 몸의 움직임은 분리되어 있지 않기 때문이다. 무언가를 한꺼번에 가르치거나 배우려 하기보다 그것을 '다룰 수 있게 세분해서 배우고 가르치는' 방식도 우리에게 새로운 것일 수 있다. 하지만 이를 유념하는 게 꽤 도움이 된다. 뭔가를 한꺼번에 배우거나 가르치려고 하면 혼란에 빠지기 쉽지만 하나씩 나누어 배우면 이를 의식적으로 배울 수 있게 되기 때문이다. 두려움에서 자유로운 학습 환경을 만들어가는 것도 중요하다. 이런 것들이 우리가 '배우는 법을 배우는' 데 필요한 몇 가지 요소들이다. 우리는 이런 요소들을 삶과 배움의 현장에 어떻게 적용해갈 수 있을까? 그러면 무엇이 달라질까?

우리는 평생 뭔가를 배우려고 애써왔지만 정작 '배우는 법' 그 자체에 대해서는 생각해본 적이 없었는지도 모른다. '배우는 법'을 배울 때, 무엇이든 배우기가 더 수월해지고 가르치는 방식도 바뀌게 된다. 또 언제, 어디에서나 배울 수 있게 된다. 그래서 배우는 법을 배운다는 것은 궁극적으로 우리 삶을 배움의 현장이자 과정으로 삼을 수 있는 능력을 기르는 것이기도 하다. 그럴 때 우리는 어른이 되어서도 아이처럼 순진무구하게 배울 수 있는 마음을 갖게 된다. 배움이 고통과 좌절, 괴로움을 견디는 과정이 아니라 변화와 성장을 경험하는 즐거운 과정이 된다면 우리 삶이 얼마나 달라질까.

2017년 봄 원성완

배우는 법을 배우기

초판 1쇄 2017년 3월 25일 5쇄 2023년 8월 25일

글쓴이 시어도어 다이먼 옮긴이 원성완 펴낸이 현병호 편집 김경옥, 김소아, 장희숙

펴낸곳 도서출판 민들레 주소 서울시 성북구 보문로 34가길 24

전화 02) 322-1603 팩스 02) 6008-4399

전자우편 mindle98@empas.com 홈페이지 www.mindle.org

이 도서의 국립중앙도서관 출판예정도서목록(CIP)은 서지정보유통지원시스템

홈페이지(http://seoji.nl.go.kr)와 국가자료공동목록시스템(http://www.nl.go.kr/

kolisnet)에서 이용하실 수 있습니다.(CIP제어번호: CIP 2017006599)

ISBN 978-89-88613-64-1 03370

잘못된 책은 바꾸어 드립니다.